A New Orthography

НОВИЙ ПРАВОПИС

вірші · СЕРГІЙ ЖАДАН

З української переклали
Джон Геннессі та Остап Кінь

Видавництво Лост Горс
Сендпойнт, Айдаго

THE LOST HORSE PRESS
CONTEMPORARY UKRAINIAN POETRY SERIES

Volume Five

ЗМІСТ

CONTENTS

From *Aerial* (2018)

From *Knights Templar* (2016)

ВСТУПНЕ СЛОВО

«Там був міст, — пригадав один»: поезія у час війни

СЕРГІЙ ЖАДАН ЦІЛКОМ СПРАВЕДЛИВО вважається одним із найважливіших голосів свого покоління в Україні, посідаючи особливе місце серед представників сучасних східноєвропейських літератур. Він надзвичайно плідний автор: пише і поезію, і прозу, а також есеїстику та займається перекладами. Народився 1974 року в містечку Старобільськ Луганської області. Сімнадцятирічним переїхав до Харкова, щоб вивчати українську філологію у Харківському національному педагогічному університеті ім. Григорія Сковороди. Розпад Радянського Союзу та проголошення української незалежності у 1991 році мало небувалий вплив на його покоління у багатьох аспектах життя — політичному, економічному, соціальному і навіть релігійному.

Маневруючи хаотичними і багатими на події дев'яностими й залишаючи важливі поетичні відгуки про той історичний період, Жадан став уважним та емоційним літописцем тієї епохи. Зосереджуючись на документуванні щоденного життя, поет — як він часто любить наголошувати — продовжує писати дотепер одну суцільну книгу. Іншими словами, і його поетичні збірки, і його проза — це рівноцінні фрагменти більшої мозаїки.

Ця книга перекладів складається з віршів, уміщених у трьох уже опублікованих або підготовлюваних до друку збірках: «Список кораблів» (побачить світ у 2020 році), «Антена» (2018) та «Тамплієри» (2016). Усі вірші в цих трьох книгах написано після початку російсько-української війни, яка вибухнула 2014 року й триває дотепер. Війна — одна із найнагальніших тем у сучасній українській літературі загалом і в поезії зокрема, і Жадан часто зазначає, що війна поділила його літературну кар'єру на два важливі етапи: написане напередодні війни і створене після її початку.

П'ятий том серії «Сучасна українська поезія» видавництва «Лост-Горс» пропонує англомовному читачеві добірку із 41 найважливішого вірша, які Жадан написав упродовж останнього часу. В нових текстах головна тема залишається тією самою — він фіксує щоденне життя у час війни. Водночас

INTRODUCTION

'A Bridge Used to Be There': Poetry in Wartime

SERHIY ZHADAN OCCUPIES a singular place in contemporary Eastern European literature and is, by all rights, one of the most significant voices of his generation in Ukraine. Remarkably prolific, he continues to write both poetry and fiction, as well as essays and various translations. He was born in 1974, in the town of Starobilsk in Ukraine's Eastern Luhansk region, and moved to the city of Kharkiv at seventeen to study Ukrainian philology at the S.H. Skovoroda Kharkiv National University. The collapse of the Soviet Union and Ukraine's proclamation of independence in 1991 had an astounding impact on his generation, marking their lives in every aspect, including the political, economic, social, and even religious spheres.

Zigzagging through the erratic and eventful 1990s and producing significant poetic responses to that historic era, Zhadan emerged as an attentive and emotional chronicler of the epoch. With his focus on documenting everyday lives, the poet—as he often likes to underscore himself—continues to write what he calls a single continuous work to this day. In other words, both his poetry collections and his prose volumes are self-contained fragments of a larger mosaic.

This current volume of translations is comprised of verse selected from three collections published recently or soon to be brought out: *Catalogue of Ships* [Spysok korabliv] (forthcoming in 2020), *Aerial* [Antena] (2018) and *Knights Templar* [Tampliiery] (2016). All of the poems in these three books were written after the outbreak of the Russo-Ukrainian war, which began in 2014 and continues to the present. The war is one of the most urgent subjects in contemporary Ukrainian writing in general and poetry in particular, and Zhadan often notes that the war has divided his career into two significant periods of creative output: work written before it began, and work composed since.

This fifth installment in Lost Horse Press's Contemporary Ukrainian Poetry Series offers the Anglophone reader forty-one of Zhadan's most significant recent poems. In Zhadan's new work, the primary theme remains the same—the poet chronicles daily life during wartime. On the other hand, since 2014 his

після 2014 року його голос зазнав змін, зокрема зменшилася іронічність (однак іронія й надалі залишається важливим прийомом його письма). У збірках, написаних перед 2014 роком, авторський тон був на боці переможених, поет пропонував колективний образ людей, що зазнали суттєвих утрат у житті. Ці особи — «аутсайдери», і Жадан виразно став їхнім голосом. У недавніх віршах «аутсайдери» — це цивільне населення, військові, біженці, змушені покинуті домівки, та ті, хто зумів все-таки залишитись. З другого боку, Жадан часто звертається до проблеми війни через буденні теми: пари, що розходяться чи сходяться, зима, мертві поети у забутих антологіях, птахи, що перелітають річку, яка розділяє місто, весільна музика.

Серед цих віршів на воєнну тему чимало творів, присвячених поетам, зазвичай зображених аусайдерами («Співають мертві поети, / що потрапили до шкільної програми, / ніби шпаки до клітки»). Поети

> Зраджені адвокатами,
> кинуті дружинами,
> повішеники, потопельники, самогубці:
>
> розповідають свої біографії,
> прищеплюють нам любов
> до життя.

Або: «Поети приходять помирати / в порожні бібліотеки. / Популярнішими від цього / бібліотеки не стають». Утім, разом із нотою сарказму Жадан згадує поетів, які можуть мати таємничі знання: «Поети з точними римами / не можуть помилятись. / Вони завжди підкажуть вихід. / Вони завжди розрядять у біді». І, припускає він, «найхоробріші» з групи в недільній школі, що кидаються сніжками «у тіло спасителя […] стануть поетами та пророками».

Ці вірші також цікаві тим, як у них поет виявляє своє ставлення до релігії та віри. Через увесь поетичний доробок Жадана проходить тема Христа, віри та релігії, і в такі моменти письменник вдається до найбільш винахідливих прийомів. Христа теж зображено аутсайдером або ж тим, кого сприймають лише кілька осіб чи взагалі ніхто:

voice has changed, grown less ironic (although irony re
a significant facet of this work). In his pre-2014 collectior
poet adopted a defeated tone, offering a collective image of ɪ
who have suffered significant loss in their lives. These subjects
were "outsiders," and the poet was clearly their voice. In his more
recent poems, Zhadan's "outsiders" are civilians and combatants,
refugees who have been forced to abandon their homes and
those who have managed to remain in place. On the other
hand, Zhadan often approaches the war through what appear
to be mundane topics: couples parting or reuniting, the outgoing
winter, dead poets in forgotten anthologies, birds crossing the
river that divides the city, music at weddings.

Included among these wartime poems are a number devoted to
poets, usually portrayed as outsiders ("Sing, dead poets / who've
ended up in schoolbooks / like starlings in cages"). The poets are

> [b]etrayed by lawyers,
> left by wives,
> those who drowned, hanged themselves, suicides:
>
> they tell their biographies,
> cultivate in us the love
> of life.

Or: "Poets come to die / in empty libraries. / Libraries don't
become / popular this way." On the other hand, simultaneous
with a note of irony, Zhadan offers us poets who may possess
mysterious knowledge: "Poets with precise rhymes / can't be mis-
taken. / They always offer solutions. / They always comfort you
when you're down." And, he suggests, the "bravest" of a group of
Sunday school children throwing snowballs "at the Savior...will
certainly become / poets and prophets."

These poems are also interesting for the way the poet treats
religion and faith. Through Zhadan's entire poetic oeuvre, the
theme of Christ, faith, and religion persists, and it is especially
at such moments that we see the poet's most notable flourishes.
Christ, too, is depicted as an outsider, or as one recognized by few
or by no one at all:

ось серце Христове — відкрите, ніби
концертний рояль, який знову відіграв
щось академічне в порожньому залі.

Сила цієї строфи з трьох рядків так само походить від
неабиякої вправності, з якою Жадан використовує метафору.
Метафори, як і багатство його вимислу — характерна риса
поета. В іншому вірші Ісус біжить попереду групи біженців:«з
хрестом на спині, / поспішає, / накульгує, / підганяє тих,
хто відстав». Тут Ісуса зображено пересічною людиною, але
наприкінці Жадан подає сторінку зі шкільного підручника,
на якій

Ісус на розп'ятті,
як регулювальник на перехресті —
ніхто не розуміє,
чого він насправді хоче.

Стиль поета — доступний, гострий і точний. Його вірші
викликають захоплення своєю формою. Маневруючи поміж
римованими строфами і вільним віршем, Жадан залишається
серед тих, хто легко послуговується обома системами. Його
поезія слугує мостом, що з'єднує теперішню поетичну
традицію з традицією 1920 — 1930-х років. Український
футурист Михайль Семенко справив вирішальний вплив на
поезію Жадана 1990-х років. Список тих, із ким поет тепер
будує інтертекстуальний діалог, є суттєво довшим. Природно,
можна навести паралель між поезією Жадана про війну і
творами Павла Тичини кінця 1910-х чи початку 1920-х років
— головно у збірках «Сонячні кларнети» (1918) та «Замість
сонетів і октав» (1920). Євген Плужник із його поезією на тему
війни став ще одним поетом, чиї цитати та ідеї відстежуються
у творах Жадана.

Вірші Жадана настільки різні, що фактично неможливо
звести їх до певного спільного знаменника. Одне залишається
очевидним: те, що він пише, робить його напрочуд
популярним серед читачів поезії та прози. Можливо, це аж
ніяк не повинно дивувати, беручи до уваги його ідею писання
однієї книги: проза Жадана нагадує нам його поезію, а поезія
— прозу, особливо своїм складним ставленням до персонажа,
від імені якого провадиться мова.

here is Christ's heart—open like
a concert piano, an academic composition
played once again to an empty hall.

The power of this three-line stanza also derives from Zhadan's great skill with metaphor. His metaphors as well as his powers of invention are his signature. In another poem, Jesus runs in front of other refugees, "with a cross on his back, / he rushes, / wobbles, / hurries those who lag behind." Here Jesus is portrayed as an ordinary human on par with others. But, in the end, Zhadan documents a page from a school textbook in which:

Jesus is on the cross
like a traffic cop at an intersection—
no one gets
what he really wants.

One encounters so many reminders of religion on the streets of Ukraine that the subject is always near yet not often discussed. Zhadan's continued use of religious references just highlights this complicated interaction between the author and this subject.

The poet's style is accessible, sharp, and precise. His poems are also exciting in terms of form. Maneuvering between rhymed stanzas and verse libre, Zhadan remains among those who easily employ both styles. Zhadan's poetry serves as a connecting bridge between the present and the poetic tradition of the 1920s and 1930s. Ukrainian futurist Mykhail Semenko was a key influence for Zhadan's poetry written through the 1990s. Now, the list of those with whom the poet establishes intertextual dialogue is longer, and this dialogue is deeper. Naturally, we may draw a line between the war poetry Zhadan writes now and the poetry of Pavlo Tychyna from the end of the 1910s and the beginning of the 1920s—in particular, the poems collected in *Clarinets of the Sun* (1918) and *Instead of Sonnets and Octaves* (1920). Yevhen Pluzhnyk with his war-related poetry would be another poet whose texts and ideas are referenced in Zhadan's work.

Zhadan's own poems are so varied that it is virtually impossible to limit them to a single common denominator. One fact is obvious: what he writes makes him very popular among both poetry and prose readers. Perhaps unsurprisingly, given his devotion to

У зв'язку з цим розглянемо вірш «Там був міст, — пригадав один», — філософська спроба осмислити з різних перспектив особисту участь у війні. Вірш починається низкою спостережень спершу неуточненого персонажа: був пішохідний міст, який знищили, патруль проходить щоп'ять годин, вечір буде погідний. Персонаж, від імені якого йде мова, схоже, нечіткий, неназваний, але ми дізнаємося, що є два старші чоловіки, а молодий ділиться спостереженнями, і незабаром знаходимо себе у свідомості «молодого», який повертається до міста, сподівається заснути у своєму ліжку й побачити «своїх» людей. Урешті-решт, він запитує себе: «Що може статися? / Патруль його пропустить, / і бог пробачить».

У проміжку між строфами падає міна, — яка накрила «всіх разом». Персонаж, від якого йде мова, знову зміщується на наратора вірша (і це не голос «ліричного героя» — тут варто додати, що Жадан нечасто пише від першої особи), — і відбувається медитативний поворот до природи. Завершується вірш згадкою про санітара, який завантажує тіла у машину, а тоді фокус переміщується на англомовного спостерігача: «Прикрив очі молодому мерцеві. / Думав собі: дивний народ — / місцеві». Очевидно, поезія Жадана дорівнює його прозі за багатовимірністю персонажів та інтенсивністю подій. Вірші, пропоновані у цій збірці, належать до другого періоду творчості Жадана, вони є істотною частиною його однієї книги-тексту — частини, яка документує війну.

—*Джон Геннессі та Остап Кінь*

one continuous work, Zhadan's prose reminds us of his poetry, and his poetry reminds us of his prose, especially in its complex approach to point of view.

In this regard, consider the poem "A bridge used to be there, someone recalled," a philosophical exploration of one's personal involvement in the war from multiple perspectives. It opens with a variety of observations by initially unspecified characters—there was a pedestrian bridge that's been destroyed, the patrol passes every five hours, the evening weather will be pleasant. The point of view appears to be unanchored, unacknowledged, but we learn that there are two older men and a younger one making these remarks, and soon we are located within the consciousness of "the young one," who's returning to the city, looking forward to sleeping in his own bed and seeing his "people." After all, he asks himself, "What could happen? // The patrol will let him through, / and god will forgive."

In the space break that follows this stanza, a bomb drops and "they [are] all killed at once." The point of view shifts back to the narrator of the poem (and not "*speaker*"—it's worth noting that Zhadan uses the first-person sparingly), and there's a meditative turn to nature. The brief remainder of the poem is presented through the POV of a medic who loads the bodies onto a truck, before shifting yet again to an English-speaking observer: "He closed the eyes of the young one. / He thought to himself: a strange people, / the locals." Clearly Zhadan's poetry is equal to his fiction for its intensity of character and action, and the poems presented in this volume are an essential part of his continuous book—the part devoted to chronicling the war, the second and most recent segment of Zhadan's career.

—*John Hennessy and Ostap Kin*

АМЕРИКАНСЬКА МОЛИТВА
ДЛЯ АГНОСТИКІВ ТА АТЕЇСТІВ

1

...І, КОРИСТУЮЧИСЬ НАГОДОЮ, хочу сказати тут про Америку. Америку, яка від початку, від першого знайомства з нею, асоціювалась у мене з поезією. Зрештою, що в цьому житті у мене з поезією не асоціюється? Все асоціюється. Все своє життя я пишу вірші. Зрозуміло, що вимовляючи подумки слово «мама», я відразу ж починаю шукати риму.

Те саме з Америкою. Справа навіть не в літературних конотаціях, хоча, ясна річ, і в них також. Світ наш формують особисто прочитані книги й особисто пережиті нещастя. Америка укладалась для мене в поетичну антологію, видану ще за радянського часу, де крім класиків — давно померлих, давно безпечних — були, разом із тим, Ґінзберг із Ферлінгетті. Себто, маючи трішки уяви, ти міг уявити собі країну, в якій протягом ста років жили Вітмен, Фрост, Лоуелл і О'Гара. Я вже не говорю про Буковськи. Очевидно, це мала бути прекрасна країна. Країна, де земля тече молоком, а поезія виростає з самого підліткового дихання.

Я свідомо спробую не говорити про геополітику. Хоча мешканцю Східної Європи складно не говорити про геополітику, говорячи про Америку. Оскільки саме Америка цю саму геополітику собою і втілювала — і в пізній радянський час і в ранній пострадянський. Для нас, мешканців Сходу Європи, Америка знаходиться так далеко і сприймається почасти так абстрактно, що й говорити про неї найпростіше хіба що в термінах максимально абстрактних. Скажімо, в термінах геополітики. Тому краще відразу повернутися до поезії.

Вперше я потрапив до Нью-Йорку взимку 96-го. Тоді ще навіть живий був Ґінзберг. Теоретично, його можна було зустріти на вулиці. Скажімо, зустріти й не упізнати. З іншого боку, Нью-Йорк таке місто, де, постоявши на розі вулиці з місяць, можна зустріти будь-кого. Припускаю, дехто так і робить.

В 96-му році в Україні щонайменше говорили про поезію. Більше говорили про фінансову кризу. Що не заважало нам —

AN AMERICAN PRAYER
FOR AGNOSTICS AND ATHEISTS

1

. . . AND GIVEN THIS OPPORTUNITY, I'd like to talk about America. America, which from the beginning, from my first encounter with it, is associated with poetry. After all, what in my life isn't associated with poetry? Everything connects to it. All my life I have been writing poetry. It's clear that when I pronounce the word "mom" in my head, I immediately start looking for a rhyme.

The same with America. It's not even about literary connotations, although, of course, it's about those too. Our world is shaped by the books we read and the misfortunes we experience. For me, America fit into a poetry anthology published back in the Soviet times in which, in addition to the classics—long dead, long safe—Ginsberg and Ferlinghetti were included. That is, having a little bit of imagination, you could have imagined a country where Whitman, Frost, Lowell and O'Hara lived for a hundred years. I'm not even talking about Bukowski. Obviously, this was supposed to be a beautiful country. A country where the earth flows like milk and poetry grows from the very breath of teenagers.

I will consciously try not to talk about geopolitics. Although it's difficult for an Eastern European not to talk about geopolitics while talking about America. Because it was America that embodied these very geopolitics, both in the late-Soviet period and in the early post-Soviet era. For us, the inhabitants of Eastern Europe, America is so far away and perceived, in part, in such an abstract way, that it's easier to talk about it only in the most abstract terms. Let's say in terms of geopolitics. Therefore, it's better to get back to poetry immediately.

I first arrived in New York in the winter of 1996. Ginsberg was still alive then. Theoretically, you could have met him on the street. Let's say, you could have met him and not recognized him. On the other hand, New York is the kind of city where you can meet whomever you want if you stand on the same street corner for a month. I'll bet someone actually does that.

In 1996, in Ukraine they talked least of all about poetry. They talked mostly about the financial crisis. Which didn't prevent

молодим поетам — писати свої вірші й цікавитись світовою літературою. Нині, з перспективи 23 років (майже чверть століття!), думаю, ми тоді правильно розставили пріоритети. Ми — молоді поети з іншого боку планети — цілий місяць каталися американськими рівнинами, виступаючи перед українськими громадами, на запрошення яких і приїхали. Американців того разу ми майже не бачили, і, чесно кажучи, у нас тоді взагалі могло скластися враження, що Америка великою мірою складається з українських церковних громад. Це було тим більше дивно з огляду на те, що ми — молоді поети Східної Європи — особливого інтересу до церковного життя не виявляли. Але життя старої української діаспори так чи інакше трималося церков, тож ми цілий місяць жили життям хай і не благочестивим, проте сповненим християнської символіки. Символіка натякала на те, що ми мало що розуміємо в слові Христовому. Так воно насправді й було, хоча визнавати цього нам не хотілося. Можна було, звісно, назвати нас агностиками. Але в принципі можна було й не називати.

Втім, навіть тоді, цілий той місяць, на трасах і автозаправках, в мотелях і на паркінгах, в повітрі вчувалися голоси, які важко було ідентифікувати. Давайте я зроблю припущення, що це були голоси поетів. Нам це допоможе вести далі нашу плутану розмову. Ці голоси говорили про відстань, яка лежить поміж містами цієї країни. І про те, що для подолання цієї відстані потрібно докласти неабияких зусиль, але вони варті того. Це як при прочитанні книги — варто мучитись над багатосторінковими описами ландшафтів, аби дізнатись наприкінці ім'я вбивці.

Завершився той місяць — після численних переїздів, після ночівлі в кемпінгах, після всіх церков і довгих розмов із старими емігрантами, за плечима яких стояло ціле двадцяте століття, так ось — завершився той дивний місяць березневим Нью-Йорком, в якому ми зупинилися на кілька днів перед відльотом, перед поверненням до своєї Східної Європи, до своєї геополітики та метафізики. І ось саме там, в Нью-Йорку, трапилася якась компанія молодих людей, які говорили про рок-н-рол, так, ніби видихали полум'я, і говорили про Америку так, як говорять про дівчину, яка від тебе пішла, але в чиєму поверненні ти не сумніваєшся.

us—the young poets—from writing our own poems and being interested in world literature. Today, from the perspective of twenty-three years later (almost a quarter of a century!), I think we set our priorities right back then. We—the young poets from the other side of the planet—had been driving through the American flatlands for a month, speaking with the Ukrainian communities that had invited us to visit. We hardly saw any Americans at all at that time and, frankly, we could have gotten the impression that America largely consists of Ukrainian church communities. This was even stranger given that we, the young poets of Eastern Europe, showed little interest in church life. But the life of the old Ukrainian diaspora kept to churches anyway, so for a whole month we lived a life that, although not pious, was full of Christian symbolism. The symbolism hinted that we understood little of the word of Christ. It really was like that, though we didn't want to admit it. You certainly could have called us agnostics. But you also could have not called us that.

Even then, that whole month, on highways and at gas stations, in motels, parking lots, and in the air we heard unidentifiable voices. Let us assume that these were the voices of poets. This will help us to continue our confused conversation. These voices talked about the distances that lie between the cities of this country. And acknowledged that it also takes a lot of effort to overcome these distances, but it's worth it. It's like reading a book—it's worth getting through page after page describing landscapes to learn the identity of the killer at the end.

That month came to an end—after numerous trips, after spending nights at campsites, after all the churches and long conversations with the old emigrants behind whom stretched the whole twentieth century—so, that strange March closed in New York, where we stayed for a few days before our departure, before returning to our Eastern Europe, to our geopolitics and metaphysics. And it's exactly there, in New York, that we encountered a bunch of young people who talked about rock and roll as if they exhaled a flame, and they talked about America like you'd talk about a girl who's left you, although you don't doubt she'll return.

In the middle of the March night, in its illuminated blue twilights, we stood on the roof of a building somewhere in the middle of the East Village trying to shout over each other. Below,

Серед березневої ночі, в її підсвічених електрикою синіх сутінках, ми стояли на даху будинку, десь посеред Іст-Вілиджу й намагалися одне одного перекричати. Внизу не спав український район, він говорив тисячею голосів водночас, і для додаткової поетичності цієї оповіді можна було б, звісно, сказати, що поміж усі тих тисяч голосів, що очеретом виростали з теплого ґрунту української дільниці, напружившись, можна було вирізнити голос Патті Сміт, чий перший виступ відбувся в церкві напроти, чи голоси зірок CBGB, який теж знаходився зовсім поруч, тут, за рогом, проте, звісно ж, нічого такого чути не було, як не напружуйся, особливо за нашим власним галасом. Адже ми перекрикували не лише Іст-Вілидж — ми перекрикували цілий березень, із його вогкістю й свіжістю, ми перекрикували океан, що накочувався з ночі, ми перекрикували хвилі електрики, які розчинялися в довколишній ночі, ми перекрикували час і простір, міняючи їх місцями. Мова наша не долітала до цілі, мова наша розпадалася в повітрі, мов перший сніг, мова наша нікого не переконувала. З такої мови так чи інакше мала творитись поезія. Але якщо вона тоді й творилась, то була це поезія безпорадності. Перекладати таку поезію зовсім не варто. Хто тоді стояв поміж нас — нині навіть і не згадаю. Пам'ятаю лише Ярему — молодого українця, який виріс уже в Америці і який говорив про рок-н-рол, як про велику сварливу родину, в якій виріс. Очевидно, він теж був агностиком. Ясно, що агностиком.

2

...хоча по-справжньому відчути це повітря — повітря підземки, що виходить на океан — трапилося лише 2005. Маже десять років я не літав над Атлантикою, а коли прилетів до Нью-Йорка 2005 року, то відчув певне ходіння колом — був той таки березень, був туман і вітер, були українці. Навіть CBGB ще існував, доживаючи свого віку.

Та й зі мною, за великим рахунком, майже нічого не сталося, не змінилося — я так само готовий був відчитувати поезію навіть у заповненій при посадці митній декларації, тож, приїхавши на пару тижнів і поселившись на горішньому поверсі театру «Ля Мама», далі полював за тінню Патті Сміт (ну

the Ukrainian district didn't sleep, it simultaneously spoke in a thousand voices and for the additional poetry of this story it could be added of course that among all the thousands of voices that grew up like reeds out of the warm soil of the Ukrainian district, it was possible after some effort to distinguish Patti Smith's voice whose first appearance was in the church opposite or the voices of the CBGB stars who were also quite nearby, around the corner but, naturally, we didn't hear anything like that no matter how we tried, especially beyond our own noise. We shouted over not only the East Village—we out-shouted the whole of March, with its humidity and freshness, we shouted over the ocean rolling over from the night, we shouted over the waves of electricity dissolving into the night around us, we shouted over time and space, swapping them. Our language didn't reach its aim, our language fell apart in the air, like the first snow, our language didn't convince anyone. Poetry should have been created out of such a language in any case. But if it was created then, it was the poetry of helplessness. It's not worth translating such poetry. Who then stood among us—now I can't even remember. I can only remember Yarema, a young Ukrainian who grew up in America and talked about rock and roll the way you'd talk about your own big quarrelsome family. Probably, he was also an agnostic. Definitely, an agnostic.

2

. . . although I really felt this air—the air of the subway that leads to the ocean—only in 2005. For almost ten years, I didn't cross the Atlantic and when I arrived in New York in 2005, I felt like I was walking in a circle—it was the same March, it was foggy and windy, there were Ukrainians. Even CBGB still existed, living through its last days.

And with me, by and large, almost nothing had happened, nothing had changed—I was ready in the same way to see poetry even in the customs declaration form filled out at the border. So for a couple of weeks after I arrived and settled down on the top floor of the La Mama Theater, I kept hunting for the shadow of Patti Smith (for where else would you hunt for her if not by the La Mama Theater) and wrote poems about the ocean. In my opinion, the practice of poetry has one not really positive quality—in

бо де ж за нею ще полювати, як не при «Ля Мамі») і писав вірші про океан. Заняття поезією мають одну не надто позитивну, як на мене, властивість — за щасливого збігу обставин вони дозволяють нам примиритися з речами, які поза поезією не викликають нічого, окрім роздратування. Перетворення мови на вірші робить світ якщо і не надто привабливим, то достатньо прийнятним. Головне — вміти й хотіти бачити літературу там, де хтось воліє бачити насамперед політику чи економіку.

Америка, з її відчуттям простору, з її відчуттям відірваності від старої мови, що так чи інакше потребує витворення мови нової, давала це фантастичне відчуття ритму, відчуття здивування, що в дуже багатьох випадках передує появі поетичного тексту. Знову ж таки, давайте відразу пропущу всі ці поетизми про «місто диявола», про хмарочоси й гайвеї, оскільки ніколи не бачив особливої поезії в хмарочосах. Інша річ — обличчя, голоси і дерева. Звісно, що дерева з американського боку Атлантики різняться від дерев старої й не завжди доброї Європи. Звісно, що різняться. І обличчя різняться. Обличчя загалом у всіх нас різні. І коли хтось говорить, що всі ми страшенно подібні, то робить це хіба через свою неуважність. Обличчя американців безперечно різняться. Оскільки їх освітлює зовсім інше сонце. Наше сонце надто старе, аби щоночі перекочуватись через Атлантику. Це суперечить всім законам астрономії. І поетики.

«В животах американок золоті монети й діти, американці порухати не можуть рукою від ліні», — писав Лорка в своєму американському циклі. Лорчин Нью-Йорк у принципі мало нагадує поетичне місце. Скоріше приймальню дияволу, в якій треба вистояти довжелезну чергу, перш ніж отримати невтішні вісті. Європейські поети, які потрапляли до НЙ в двадцятих роках минулого століття загалом не надто церемонились із американськими реаліями, даючи волю своїм страхам та фобіям. Навіть не зрозумієш сьогодні, що їх тоді більше лякало — конкретні хмарочоси чи абстрактний капіталізм. Але, повертаючись до Європи, що вже набрякла кров'ю майбутньої другої світової, поети-комуністи не шкодували проклять на адресу далекого континенту, з його дивними пропорціями та порядками. А якщо й освідчувались кому в любові, то хіба якій архітектурній химері, як ось

the case of a happy coincidence, it allows us to come to terms with things that, outside of poetry, cause nothing but irritation. Turning language into a poem makes the world fairly acceptable if not terribly attractive. The main thing is to be able and want to see literature where one prefers primarily to see politics or the economy.

America, with its sense of space, with its sense of detachment from the old language, which in one way or another needs to create a new language, gave that fantastic sense of rhythm, a sense of wonder, which in many cases precedes the appearance of a poetic text. Again, let me immediately skip all the colorful words about the "city of the devil," about skyscrapers and highways, as I have never seen any particular poetry in skyscrapers. And then there are the faces, voices, and trees. Of course, the trees on the American side of the Atlantic differ from the trees of old and not always good Europe. Of course they differ. And the faces are different. All of our faces are different. And when someone says that we are all terribly alike, it's only because they're inattentive. The faces of Americans are clearly different. Because they're illuminated by a completely different sun. Our sun is too old to roll across the Atlantic every night. This all contradicts the laws of astronomy. And of poetics.

"*The American girls carried babies and coins in their bellies / and the boys fainted stretched on the cross of lassitude,*" Lorca wrote in his American cycle.[1] In general, Lorca's New York barely reminds me of a poetic place. Rather, it's the devil's waiting room where one has to endure a long line before receiving disappointing news. European poets who visited New York in the twenties of the last century normally were not that ceremonious with American realities, giving freedom to their fears and phobias. You won't even understand today what they were more frightened by at that time—concrete skyscrapers or abstract capitalism. But after their return to Europe, already swollen with the blood of the forthcoming Second World War, the Communist poets weren't greedy for curses addressed to a distant continent, with its strange proportions and orders. And if they declared their love for anything, it would be for some architecturally bizarre creature, the way Mayakovsky, with urbanism so essential to him, devoted the most

1 "The King of Harlem," trans. Stephen Spender and J.L. Gili, in Francisco Garcia Lorca and Donald M. Allen, eds. *The Selected Poems of Federico Garcia Lorca* (New York: New Directions, 2005), 117.

Маяковський, що з усім притаманним йому урбанізмом присвятив найбільш людяного свого американського вірша Бруклінському мосту. Тішачись чомусь своєю:

> Я горд
> вот этой
> стальною милей,
> живьем в ней
> мои видения встали —
> борьба
> за конструкции
> вместо стилей,
> расчет суровый
> гаек
> и стали.

Які вже тут голоси з деревами. Розрахунок суворий гайок і сталі. З цілого континенту, з цілого простору, насиченого рухом і словом. Прикметно, що ці невдалі романи європейців (таких різних!) із Нью-Йорком далі збуджують уяву, підхарчовують свою легенду, тривають. І коли вже по війні, що таки вибухнула й залила собою континент по східний бік Атлантики, по смерті тиранів і марній спробі вибудувати щось на місці масових розстрілів, десь у шістдесятих вже нова генерація поетів-комуністів (і з радянської Росії і з радянської України) почали свої — чергові — «відкривання Америки», десь поза ними стояла командорська тінь Маяковського, з його увагою до гайок і сталі. Та навіть у мудрого й скептичного Боба Голмана, в його помешканні на Бовері, стоїть іспаномовне видання віршів Маяковського. Зрештою, в мене вдома Маяковського теж багато, якщо говорити чесно. Читати не читаю, але про гайки тримаю в пам'яті.

Але говорити я, звісно ж, збирався про щось цілком інакше. Насамперед — про березень в Іст-Вілліджі. Який раптом зробив голоси зрозумілішими, а обличчя — впізнаванішими. Можливо тому, що в мене того разу було трішки більше часу, аби слухати й споглядати, можливо — більше бажання почути й зрозуміти, але саме тоді Іст-Віллідж закохав у себе. І це любов, напевне, на все життя. І, розуміючи, що звучить це більш, ніж пафосно, я все одно залишу останнє речення тут. Хай буде.

humane among his American poems to the Brooklyn Bridge. He rejoiced in something all his own:

> I am proud
>> of just this
>>> mile of steel;
>> upon it,
>>> my visions come to life, erect—
> here's a fight
>> for construction
>>> instead of style,
>> an austere disposition
>>> of bolts
>>>> and steel.[2]

Where are the voices and the trees? Out of the whole continent, out of the whole space saturated with movement and word: a strict calculation of bolts and steel. It's significant that these unsuccessful affairs of Europeans (so different!) with New York further tempt the imagination, fuel up their legend, and continue. And when after the war, which ultimately broke out and flooded the continent on the eastern side of the Atlantic, after the death of tyrants and a vain attempt to build something on the scene of mass executions, somewhere in the sixties, a new generation of Communist poets (both from Soviet Russia and Soviet Ukraine) began their next "explorations of America," somewhere behind them was the commodore's shadow of Mayakovsky, with his attention to bolts and steel. Even smart and skeptical Bob Holman has a Spanish-language edition of Mayakovsky's poems in his apartment on Bowery. To be honest, I have lots of Mayakovsky at home too. I don't read it, but I remember the bolts.

Of course, I was actually going to talk about something completely different. First of all, March in the East Village. Which suddenly made the voices clearer and the faces more recognizable. Maybe because I had a little more time to listen and observe, and maybe I had more desire to hear and understand, but it was exactly at that time that I fell in love with the East Village. And this love is probably for life. And realizing that this sounds more

2 Vladimir Mayakovsky, *The Bedbug and Selected Poetry*, ed. Patricia Blake, trans. Max Hayward and George Reavey (Bloomington: Indiana University Press, 1975), 177.

...найважливіше те, що і того березня, березня 2005, звідкись виник Ярема, який залишив нас із нашими криками на одному з дахів Іст-Віллиджа дев'ять років тому, залишив і розчинився в низьких мангетенських сутінках. А ось тут виник нізвідки й знову заговорив про рок-н-рол, і не дав жодного шансу не відчути цих дивних ламаних голосів, що співали про свою правду. І ми тягалися барами й клубами, щось слухали, десь пили (дивись, — говорив він, показуючи на барменку, — вона справжня відьма, і я вірив), і за цим стояли (ну звісно) голоси американських поетів, і мені американські поети подобались куди більше за американські гайки, і я міг хіба що пошкодувати покійного Маяковського, який просто фізично не міг почути Ділана. Великий час непочутих поетів, — думав я собі, відлітаючи додому, — непочутих і незрозумілих. Відлучених від церкви і звинувачених у святенництві. Пійманих на порушенні клятви й вигнаних за міські брами. Їхні свідчення, часе, можливо найбільш переконливо звучатимуть на твою користь. Оскільки промовляє ними не лише любов і відвага, але й співчуття — те, чого так бракує нам усім останні 2000 років. Співчуття, і нічого більше. Передусім співчуття. Щонайменше.

3

...і ще мені завжди видавалося, що поезія в сьогоднішньому світі займає зовсім не належне їй місце. Перетворена на мертву мову, мову, якою не спілкуються поза колами обраних, поезія багато втратила. Світ, між іншим, теж. Навіть попри всю свою недосконалість та безнадійність, наш світ не заслуговує на відлучення від поезії. Це позначається на його й без того зіпсованому характері.

Нового світу це стосується тією ж мірою, що й Світу старого. Поезія нічого не пояснює, відповідно, запит на неї сильно впав. Фіксація емоцій, імпресія, рефлексія програють оповідям історій чи нагнітанню пристрастей. Втім, навіть у нашому — прекрасному й божевільному — світі місце для поезії лишається, і говорити про її спокійну безтурботну смерть дещо зарано. Мені приємно говорити про вірш, як про річ, вага і значення якої відчитуються читачами. Незалежно від того, з якого боку Атлантики вони виростали і яких поетів

than condescending, I will nevertheless leave the last sentence. Let it be.

... most importantly, that March, the March of 2005, out of nowhere appeared Yarema, who left us shouting on one of the rooftops in the East Village nine years ago, left and dissolved in the low Manhattan twilights. But here he came out of nowhere and again started talking about rock and roll, and he gave us a chance to hear those strange broken voices singing about their truth. And we moved from bar to bar and club to club, listened to something, drank somewhere (look, he said, pointing at a bartender, she's a real witch, and I believed him), and the voices of American poets stood behind this of course and I liked American poets more than American bolts, and I could only express my regrets to the late Mayakovsky who physically couldn't hear Dylan. The great time of unheard poets, I thought as I flew back, unheard and not understood. Excommunicated from church and accused of heresy. Caught in violation of oath and banished outside the city gates. Their testimonies, oh time, probably will sound most convincingly in your favor. Since not only love and courage speak in them but also compassion—what we have been lacking for the last two thousand years. Compassion and nothing more. First of all, compassion. At least.

3

... and it always seemed to me that poetry in the contemporary world does not quite occupy its proper place. Transformed into a dead language, a language not used outside the circle of the chosen, poetry has lost a lot. The world has too, by the way. Despite its imperfection and hopelessness, our world does not deserve to be excommunicated from poetry. It would affect the world's already pretty bad temper.

This concerns the New World to the same extent it concerns the Old World. Poetry does not explain anything; therefore, the demand for it has decreased heavily. Capturing emotions, impressions, and reflections in that manner has been lost to storytelling or to the inflammation of fervor. However, even in our—beautiful and crazy—world a place for poetry remains, and it's a little too early to talk about its calm and careless death. I feel good when I talk about a poem as a thing whose weight and meaning

читали в дитинстві. Тим більше — в дитинстві ми так чи інакше читаємо тих самих поетів. Оскільки хороших поетів узагалі не так багато. Навіть якщо рахувати разом поетів Старого й Нового світів. Мені приємно закладати у вірш посилання на цих поетів, приємно знаходити відлуння їхньої роботи в структурі тексту, приємно мати справу з їхніми тінями, які схожі на старі дерева — такі ж гнучкі, такі ж непоступливі. Мені загалом приємно говорити про наші континенти, як про поезію — поезію відстані й поезію присутності, поезію вкорінення й поезію забуття.

Вірші, які ввійшли до цієї збірки, написані протягом останніх кількох років. Деякі з них дійсно писалися в Нью-Йорку, в тому таки театрі «Ля Мама», де ми з друзями-музикантами навесні 2017 працювали над новою виставою. Втім, тут немає віршів написаних безпосередньо про Америку. Немає гайок і сталі, немає хмарочосів і Бруклінського мосту. Немає золотих монет у животах американок. Чи будуть у такому випадку ці вірші цікаві американським читачам? Мені б дуже хотілось на це сподіватись. Адже читаємо ми в себе, на схід від Атлантики, Фроста, навіть не знаходячи відображень своїх дерев в його озерах. Адже слухаємо ми Ділана, беручи, звісно, до уваги, проти чого він протестує, чи в що починає вірити. Міг би тут написати, що література не має кордонів, але не напишу. Кордони вона має, й іноді вони їй навіть личать.

Але ще трішки про цю книжку. В ній багато текстів про війну. Про війну, яка триває з іншого боку Атлантики і до якої американський читач особливого стосунку немає, попри всю геополітику. Як відчитувати цю війну, як розуміти її жертв, як сприймати її голоси? Навряд чи поезія може в цьому випадку багато пояснити. Зрештою, вірші й не мають заміняти собою випуски новин. Хоча, заперечу сам собі — для мене особисто вірші Сезаро Вальєхо про війну в Іспанії говорять не менше за історичні книги та підручники. Оскільки поезія, навіть не оперуючи цифрами та цитатами, навіть не посилаючись на історичні джерела та журналістські розслідування, все одно має одну велику перевагу — безпосередність переживання, відкриту емоцію, реакцію прямої дії, яка іноді є куди переконливішою за промови всіх політиків цього світу.

readers can understand. No matter which side of the Atlantic they were raised on and which poets they read in their childhood. Moreover, in childhood we more or less read the same poets. Since there aren't that many good poets. Even if you include poets from both the Old and New Worlds. I'm pleased to put into a poem references to these poets, it's pleasing to find the echoes of their work in the structure of a text, it's pleasing to deal with their shadows which are similar to old trees—so flexible, so unyielding. In general it's pleasing for me to talk about our continents the way I talk about poetry—the poetry of distance and the poetry of presence, the poetry of rooting into and the poetry of oblivion.

The poems featured in this collection were written over the last few years. Some of these indeed were written in New York, at the La Mama Theatre where my musician-friends and I worked on a new show in spring 2017. Although, there aren't poems here about America specifically. There are no bolts and steel, no skyscrapers and Brooklyn Bridge. There aren't any golden coins in the bellies of American women. Are these poems going to be interesting for American readers in this case? I really hope they will be. After all, we read Frost at our place, to the east of the Atlantic, even without finding the reflection of our trees in his lakes. And we listen to Dylan, taking into account, of course, what he protests against or what he starts believing in. I could even write here that literature doesn't have borders, but I won't do that. It has borders, and sometimes they even fit.

And a few more words about the book. In it, there are many poems about war. About the war that is happening on the other side of the Atlantic, one that an American reader doesn't have much to do with in spite of all the geopolitics. How to read this war, how to understand its victims, how to treat their voices? Poetry can hardly explain much in this case. In the end, poems should not be a substitute for news reports. Although I will object myself—for me, personally, the poems by Cesar Vallejo about the war in Spain speak no less than history books and textbooks. Since poetry, even without operating with figures and quotes, even without referencing historical sources and journalistic investigations, nevertheless has one strong advantage—the immediacy of experience, open emotion, a sense of direct action which at times is more convincing than all of the speeches by all the politicians in this world.

Тому просто залишу тут усе, як є. Далі хай читач розбирається сам. Можливо, щось йому тут дійсно видасться зайвим (скажімо — цей ось текст про Америку, якої немає, і про поезію, якої немає так само). Можливо, щось видасться близьким і знайомим. Зрештою, що нас насправді поєднує? Звісно ж, не географія. Не політика. І навіть не церква (ну, в неї, на жаль чи на щастя, шансів зовсім немає). Нас поєднують прочитані книги. І почуті голоси.

...і добре було б на цьому зупинитися...

—Сергій Жадан

So, I will leave things as they are here. Let the readers deal with it themselves. Maybe something will seem to be unnecessary (for example, this text about America which is not in the book and about poems which also aren't). Maybe something will prove to be close and familiar. In the end, what really unites us? Not politics. And not even the church (which, fortunately or unfortunately, doesn't have a chance). The books we read unite us. And the voices we hear.

. . . and it would be good to stop at this point . . .

—*Serhiy Zhadan*

ЗІ ЗБІРКИ *СПИСОК КОРАБЛІВ* (2020)

From **CATALOGUE OF SHIPS** (2020)

◆ ◆ ◆

Сходитись і говорити — почнімо з найтяжчого.
Почнімо цей шал вживання у ніч,
яка проступає вугіллям на простирадлах.

Ріка, ніби скинута через голову сукня,
ще пам'ятає тепло,
ще озивається на серцебиття,
ближче до ранку, коли постає
збита поетика втоми.

Ось ми — викричані в цю ніч,
вигорілі на сонці, наче кераміка.
З мовою, схожою на пташиний клекіт.
З голосами, мов у тварин, що перегукуються,
дивлячись, як зусібіч приступає пожежа.

Сходяться люди задиханого прикордоння.
Сходяться різники, чиї пальці стягує
кров, мов канцелярське чорнило.
Сходяться вічні погоничі, несучи за собою
великодній дух бійні.

Книги, що пахнуть травою і молоком.
Ікони, друковані в типографії
разом із маніфестами футуристів.

Нюшать звірі солодку мову світанку.
Вчать правопис червневих туманів,
серед яких ховаються їхні вбивці.

Почнімо ходу зеленою пусткою,
присмерковою батьківщиною,
почнімо гін жертовної звірини крізь
хорове розспівування пшениці.
Почнімо всі, хто бачив,
як ховаються в полі вальдшнепи душ,
хто заходив у воду,
щоби засмагою пройняти її
крижану тривожність.

◆ ◆ ◆

To get together and talk—let's start with what's most difficult.
Let's start with the madness of getting used to the night
uncoiling across the sheets.

The river, like a dress lifted over your head,
still remembers the warmth,
still replies to the heart beating
closer to morning, when the poetics
of exhaustion realigned.

Here we are—shouted into the night,
faded like ceramics under the sun.
With a language like birdsquawk.
With voices like animals calling to each other
when fire encircles them.

People from breathless borderlands get together.
Butchers whose bloody fingers have stiffened
as though covered with ink get together.
Eternal drovers bearing the Easter spirit
of the slaughterhouse get together.

Books that smell of grass and milk.
Icons printed on the same press
as futurist manifestos.

The animals smell the sweet language of dawn.
They study the orthography of June fogs
hiding their killers.

Let's start our march across a green emptiness,
the motherland in twilight,
let's drive the sacrificial cattle
through the wheat choir tuning up.
Let's start, all of us who saw
how the quail of souls hide in a field,
who stepped into the water
to dispel its ice-cold anxiety
with a sunburn.

3

Почнімо з найтяжчого — зі співу й гасіння вогню,
який підступає з ночі.

Почнімо із шепотіння імен,
виплітаймо разом цю лексику смерті.

Стояти і говорити про ніч.
Стояти і наслухати з туману
голоси пастухів,
що оспівують кожну
загублену душу.

Let's start with what's most difficult—with singing
and quenching the fires emerging from the night.

Let's start by whispering the names,
let's weave together the vocabulary of death.

To stand and talk about the night.
Stand and listen to the voices
of shepherds in the fog
incanting over every single
lost soul.

◆◆◆

Чому я постійно говорю про церкву?
Велика спокуса — бути зрозумілим.
Велика наївність — потреба дорослих людей
триматись разом, щоби ніхто не здогадався
про їхню самотність.

Вистачає почутого у дитинстві, аби зрозуміти,
з чим щоденно доводиться мати справу:

ось барвники метафор,
здатні перетворити воду на криваве столове вино;

ось серце Христове — відкрите, ніби
концертний рояль, який знову відіграв
щось академічне в порожньому залі;

ось я — залишений кимось серед громади,
поставлений кимось перед необхідністю
сприймати історію смерті й жертовності,
як родинну історію,

повторюю за старшими прокляття,
покладені на хоровий спів,
виспівую разом із усіма,
люто вірую.

Люто вірую в зелень, яка щороку
перекрикує цегляну кладку, як перекрикує
професорів обурена аудиторія.
Люто вірую в місяць, що росте, ніби гнів
при лівій легені травневого неба.
Люто вірую в літературу,
якою обігрівають печі
в дитячих будинках.

Одна мова, одні слова —
і для пристрасті, і для статистики.
Єдиний для всіх травень.
Єдиний для всіх вогонь.

Why do I always talk about church?
A great temptation—to be understood.
A great naivete—the need of grown ups
to come together so no one senses
their solitude.

What's overheard in childhood is enough to understand
what you have to deal with every day:

here are the shades of metaphor
capable of turning water into bloody table wine;

here is Christ's heart—open like
a concert piano, an academic composition
played once again to an empty hall;

here am I—abandoned by someone, in community,
forced by someone to perceive
the history of death and sacrifice
as a family story,

I repeat the curse the elderly utter
set into the choir's song,
I sing along with others,
fiercely believe.

I fiercely believe in the vegetation
that every year overwhelms brickwork
the way an outraged audience shouts down their professors.
I fiercely believe in the moon that grows like anger
near the left lung of the May sky.
I fiercely believe in the literature
that is burned to heat the stoves
in orphanages.

The same language, the same words—
both for passion and for statistics.
One May for all.
One fire for all.

◆◆◆

Ось про це і розповім:
про зелене око демона в кольоровому небі.
Про око, що визирає з-поза лаштунків дитячого сну.
Про око дивака, в якому страх змінюється захватом.

Все почалося з музики,
зі шрамів, що лишав по собі спів,
почутий разом із однолітками на осінніх весіллях.

Дорослі, що грали музику.
Дорослість, що цим і визначалась — умінням грати музику.
Так, ніби в голосі з'являється ще одна нота,
яка відповідає за щастя,
так, ніби в чоловіках закладений цей інстинкт:
бути мисливцем і півчим.

Музика — карамельне дихання жінок,
тютюнове волосся чоловіків, які похмуро
готуються битися на ножах із демоном,
що прийшов без запрошення на весілля.

Музика за цвинтарною огорожею.
Квіти, що ростуть із жіночих кишень,
школярі, що зазирають у печі смерті.

Найбільш протоптані стежки — на цвинтар і до води.
В землю ховають лише найдорожче —
змащену зброю, що визріє стиглим гнівом,
порцелянові серця батьків, що озвуться
співом шкільного хору.

Про це і розповім —
про духові інструменти тривоги,
про весільну процесію, яка входить до пам'яті,
наче до Єрусалиму.

Закласти під серце
ламаний псаломний ритм дощу.

So I'll talk about it:
about the green eye of a demon in the colorful sky.
An eye that watches from the sidelines of a child's sleep.
The eye of a misfit whose excitement replaces fear.

Everything started with music,
with scars left by songs
heard at fall weddings with other kids my age.

The adults who made music.
Adulthood defined by this—the ability to play music.
As if some new note, responsible for happiness,
appears in the voice,
as if this knack is innate in men:
to be both hunter and singer.

Music is the caramel breath of women,
tobacco-scented hair of men who gloomily
prepare for a knife-fight with the demon
who has just crashed the wedding.

Music beyond the cemetery wall.
Flowers that grow from women's pockets,
schoolchildren who peek into the chambers of death.

The most beaten paths lead to the cemetery and water.
You hide only the most precious things in the soil—
the weapon that ripens with wrath,
porcelain hearts of parents that will chime
like the songs of a school choir.

I'll talk about it—
about the wind instruments of anxiety,
about the wedding ceremony as memorable
as entering Jerusalem.

Set the broken psalmic rhythm of rain
beneath your heart.

Чоловіки, що танцюють так, ніби гасять
черевиками степову пожежу.
Жінки, що так тримаються в танці за чоловіків,
мов не пускають їх на війну.

Східна Україна, кінець другого тисячоліття.
Світ переповнено музикою і вогнем.
В темряві озиваються летючі риби й співочі тварини.

За цей час померли майже всі, хто тоді одружився.
За цей час у більшості однолітків померли батьки.
За цей час померла більшість героїв.
Розгортається небо — гірке, ніби повісті Гоголя.
Лунає спів людей, що збирають врожай.
Лунає музика тих, хто виносить із поля каміння.
Лунає, не обривається.

Men that dance the way they quench
steppe-fire with their boots.
Women that hold onto their men in dance
like they don't want to let them go to war.

Eastern Ukraine, the end of the second millennium.
The world is brimming with music and fire.
In the darkness flying fish and singing animals give voice.

In the meantime, almost everyone who got married then has died.
In the meantime, the parents of people my age have died.
In the meantime, most heroes have died.
The sky unfolds, as bitter as it is in Gogol's novellas.
Echoing, the singing of people who gather the harvest.
Echoing, the music of those who cart stones from the field.
Echoing, it doesn't stop.

◆◆◆

Наш учитель стоїть перед нами,
на футбольному полі, після програшу.
На полі нашої слави,
на полі, з якого зібрано врожай нашого страху.

Стоїть, мов Цар Єрусалимський у рваних кросівках,
і тихим голосом оповідає нам про птахів.

Щоби поразка не робила нас слабшими,
доки бджоли кружляють над відкритими ранами місяця,
говорить про головне.
Говорить про птахів.

Велика мудрість пташиного клекоту.
Гірке пташине призначення.
Розмір крила, ніби розмір вірша.
Озвучено висоту качиною сповіддю.
Прошите небо летючою ритмікою.

Венеційські торговці креслять на старих мапах,
на північ від Приазов'я,
непорушні кордони держави птахів.

Птах, що боронить повітряну браму.
Птах, у чиєму вологому оці запікається місяць.
Співучі птахи, чорнороби перспективи,
пристрасні тенори нашого безголосся,
ви співали, коли займалися сосни на кордоні,
ви співали, коли ми вростали в цей краєвид.
Вам відспівувати тих, кого ховають у сопках.
Вам свідчити про того, кого закопають у безіменній ямі.

Заклопотані шпаки, ніби апостоли,
сидять при столах, де розкладені хліб та вино,
читають псалтир,
привезений із Почаєва,
згадують зиму, що неодмінно повернеться.

Our coach stands in front of us
on a soccer field after our loss.
On the field of our glory,
on the field where our fear was harvested.

He stands like the King of Jerusalem in his torn sneakers,
and in his quiet voice he tells us about birds.

So our loss doesn't make us weaker,
while bees hover above the open wounds of the moon,
he talks about what's most important.
Talks about birds.

The great wisdom of a bird's squawk.
The bitter providence of birds.
The beating of a wing is like the meter of a poem.
Height is signaled by the duck's confession.
The rhythms of flight stitch the sky.

The Venetian merchants draw on the old maps,
to the north of the Sea of Azov,
the immovable borders of the birds' state.

A bird that defends the airspace.
A bird in whose wet eye the moon bakes.
The singing birds, manual laborers of the prospective,
the passionate tenors of our voicelessness,
you sang when the pines caught fire on the border,
you sang when we rooted into this landscape.
You'll need to sing the funeral hymns for those in burial mounds.
You'll need to testify for those in nameless pits.

Busy starlings like apostles
sit by the tables where bread and wine are set,
read the Psalms
brought from Pochayev,
remember a winter that will certainly return.

Серце найменшої ластівки сильніше за туман.
Душа найбезнадійнішої птахи варта нашого хвилювання.
Хай приходить зима.
Хай повертається.
Хай порядкує на наших полях.

Тихі,
йдемо за учителем безкінечним полем.
Бредемо надвечір'ям.
Запам'ятавши, повторюємо:

Чим більше птахів угорі, тим менше зла поміж нас.
Чим довший качиний гін, тим солодшим буде повернення.

Б'ється вгорі пташина душа.
Тягне, тягне донизу
пташине серце.

The heart of the smallest sparrow is stronger than fog.
The soul of the most hopeless bird is worth our worry.
Let the winter come.
Let it come back.
Let it put our fields in order.

Quiet,
we follow our teacher through the endless field.
We drag ourselves through the evening.
Having remembered, we repeat:

The more birds up there, the less evil among us.
The longer the duck's run, the sweeter the return will be.

A bird's soul beats in the air.
A bird's heart drags,
drags it down.

◆◆◆

Так стають до сімейного фото,
дивляться в очі фотографа,
ніби в очі птаха,
що сидить за вікном:

запам'ятай мене, гнівне пташине око,
коли побачимося наступного разу,
на іншому боці пронизливого, мов крик, життя,
на іншому боці тривожної, як течія, самотності.

Запам'ятай мої руки,
ще без отруйного чорнила під нігтями,
запам'ятай мій голос,
в якому ще немає цвяхів чоловічої люті,
запам'ятай вдячність дітей,
що на Великдень беруть солодощі з надгробків
своїх батьків.

За сорок років я вже не говоритиму уві сні
з мертвими героями прочитаних романів.
Не буде цього магнетичного місяця
над відкритим переломом траси.
За сорок років ніхто не підтримає мене,
коли я стрибатиму в травневі озера.
Зачинено буде будки кіномеханіків,
пограбовано гробниці шкільних книгосховищ.

Запам'ятай мене, історіє, схожа на птаха,
змушеного щороку вганятися в туман прикордоння.
Відбитки світлих облич на моїх долонях.
Жінки й чоловіки 70-х, ніби мертві планети,
освітлюють літнє повітря.

Діти говорять уві сні з мертвими капітанами.
Діти виходять із темряви на голос фотографа.
Перебігають дитинство,
як ящірки перебігають липневу трасу.
Стають на подвір'ї,
недовірливо дивляться в очі історії.

This is how you stand for a family photo,
look into the eyes of the photographer
the way you'd look into the eyes of a bird
perching outside your window:

remember me, wrathful bird's eye,
when we meet next time,
on the other side of this piercing—like a scream—life,
on the other side of anxious—like a stream—solitude.

Remember my hands,
still without poisonous ink under the fingernails,
remember my voice
which still doesn't have the nails of a man's rage,
remember the gratitude of children
who take sweets on Easter day from the gravestones
of their parents.

In forty years I won't talk in my dreams
with dead characters from novels I've read.
There won't be this magnetic moon
above the open fracture of the road.
In forty years no one will hold me
when I jump into May lakes.
Projection booths will be locked,
the tombs of school library stacks looted.

Remember me, history, looking like a bird
forced into the fog of borderlands every year.
Reflections of bright faces on my palms.
Women and men from the 70s like dead planets
illuminate the summer air.

In their dreams children talk with dead captains.
Children emerge from darkness guided by the photographer's voice.
They run across childhood
like lizards running across a road in July.
They stand in the backyard,
staring suspiciously into the eyes of history.

Співають мертві поети,
що потрапили до шкільної програми,
ніби шпаки до клітки.
Оспівують батьківщину
випаленого за літо неба.

Важко темніє хірургічний шов переписаного начисто вірша.
Повільно росте між рік чорна квітка дощу.

Sing, dead poets
who've ended up in schoolbooks
like starlings in cages.
In songs they celebrate the motherland
of a sky scorched throughout the summer.

The surgical suture of a poem cleanly re-written darkens.
The black flower of rain slowly grows between rivers.

◆ ◆ ◆

Йдеться передусім про самотність.
Про пісню ліфта
в горлі під'їзду,
яка будить з сну,
виводячи ноти прощання
о четвертій ранку.

Йдеться зокрема про невміння вийти
з вулиць і площ безголосся
на світло та крики, що радо
вітають кожного
зустрічного.

Йдеться про найскладніше.

Мало знати значення слів.
Мало вміти відгукуватись
на привітання сторожі при брамі.
Куди примхливішою є наука мовчання,
мистецтво подиху,
вміння вислухати голодного,
який розповідає тобі
про ранковий хліб,
вміння дослухати до кінця того,
хто перераховує всі провини
людства.

Нас не було навчено слухати голоси,
сплетені з печалі,
нам не було пояснено щедрість лікарів,
які не мають чим допомогти,
проте завжди можуть вислухати.

Нам ідеться про нашу самотність,
в якій ми так добре почуваємось,
якою ми виправдовуємо
критичну нестачу любові
в цьому прекрасному
світі.

◆ ◆ ◆

It's about solitude in the first place.
About the song of the elevator
in the throat of your building
which awakens you from a dream
singing the notes of farewell
at four in the morning.

It's mainly about the inability to make one's way
from the streets and squares of voicelessness
into the light and the shouting that gladly
welcome everyone on
their way.

It's about the hardest thing.

It's not enough to know the definition of words.
It's not enough to know how to respond
to the greetings of guards by the gates.
More whimsical is the science of silence,
the art of breath,
the ability to listen to the hungry
who tell you
about morning bread,
the ability to listen until the end
to the one who hides all the guilt
of humankind.

We haven't been taught to listen to the voices
knitted out of grief,
no one has explained the generosity of doctors
who can't help
but can always listen to you.

It's about our solitude
in which we feel so good,
by which we justify
the critical lack of love
in this beautiful
world.

З усім іншим ми більш-менш
навчились давати раду.

Легко говорити
з озлобленими — за їхнім
мовчанням стоїть безпорадність.

Легко говорити з хворими —
слухати задушливий кашель,
мов грітися при багатті,
що повільно згасає.

Найскладніше, звісно,
говорити з
деревами —
ніби нічого й не винен,
а ось стоїш серед сосен,
відводиш очі.

Обступають тебе прискіпливо,
слухають,
стримуються.

Наче громада, в якої вночі
обікрали церкву.

With everything else, we've more or less
learned how to deal.

It's easy to talk to
the embittered—beyond their
silence is helplessness.

It's easy to talk to the sick—
listening to the suffocating cough
is like warming up by a bonfire
that slowly fades away.

The most difficult, of course, is
to talk to
the trees—
it's like you don't owe them anything
but here you stand in front of the pines,
averting your eyes.

They surround you meticulously,
listen,
hold still.

Like a community whose church
was robbed in the night.

◆ ◆ ◆

Великі поети печальних часів.
Насторожені свідки кінця книгодрукування.
Поети, чиїми голосами говорить досвід
виживання в порожніх залах,
поети, що вчать свого ремесла
хіба що чорних дроздів
за вікнами кафедри.

Хоробрий поете шлюзів на європейських ріках,
поете країни, яка беззахисно завмирає,
відчувши зиму,
говори про надію,
про страх та безвихідь розкажуть ті,
хто тебе не читає.

Говори про надію,
говори про сильні характери
вчителів і мисливців.

Мова твоя — довга і плутана,
мов Дунай на карті Європи.
Говори про наполегливість сосен,
що закріплюються в піску,
ніби русизми в мові.

Вся поетика твого континенту
виростає зі співу та винограду.
Говори про виноград, про золоту
тяглість лози, що скріплює собою
кордони, схожі на шви нової
шинелі.

Говори про спів жінок на пологому
річковому березі,
про відсутність шансів розкажуть
люди з церкви та муніципалітету.

The great poets of sad times.
Anxious witnesses to the end of print.
Whose voices address the facts
behind their survival in empty auditoriums,
who teach their craft
only to the black thrushes
perched outside lecture hall windows.

Brave poet of floodgates on European rivers,
poet of a country paralyzed
by winter,
talk about hope,
those who don't read you
will talk about fear and hopelessness.

Talk about hope,
talk about the strong character
of teachers and hunters.

Your lines are long and entangled
like the Danube on the European map.
Talk about the perseverance of pines
rooting themselves in the sand
like Russian words in Ukrainian.

The poetics of your continent
grow from singing and grapes.
Talk about grapes, about the golden
continuity of vines that knit together
borders that look like the seams of a new
overcoat.

Talk about women singing on the steep
river bank,
people from the church and city hall
will tell you there are no opportunities.

Безкінечні властивості мови.
Таємнича її структура.
Гнати нашим тілом надію,
ніби рибу на чорний берег,
водити серцем потрібне слово,
мов подорожнього лісом.

Мова — це дихання,
наповнене сенсом.
Мова — примарний шанс
переконати бодай когось
не стрибати з мосту в Сену.

Поет стоїть посеред порожнього міста,
кричить птахам,
що летять на зиму до північної Африки:

Я не вірю в бога.
Але це не страшно. Тому що його не існує.
В мене не вірять читачі.
Це теж не страшно. Їх теж не існує.

А оскільки птахи не слухають,
поет береться перераховувати
їх в осінніх піднебесних ватагах.

Старанно рахує, записує
до записника кожну ластівку.
Скільки відлетіло, стільки
має й повернутись.

Всіх треба порахувати.
Жодної не можна забути.

Справжня поезія завжди
тримається
на точності.

The endless qualities of a language.
Its mysterious structure.
To coax hope through our bodies
like fish to a black bank,
to guide the perfect word through the heart
like a hiker in the woods.

Language is breathing
filled with sense.
Language is a phantom chance
to persuade at least one person
not to jump from a bridge into the Seine.

A poet stands in the middle of an empty city,
screams at the birds
flying to North Africa for winter:

I don't believe in god.
But that's not scary. Because he doesn't exist.
Readers don't believe in me.
That isn't scary. They don't exist either.

And since the birds don't listen
the poet starts counting them
in their celestial fall flocks.

He counts diligently, records
every swallow in his notebook.
Whatever number flew away,
that many should return.

Each one should be counted,
not a single one forgotten.

Real poetry always
sticks to
precision.

◆ ◆ ◆

Але
так мало речей,
вартих того, аби повторювати їхні назви:
дерева при березі, камені в снігу.

Ці теплі дими, за якими ховається
чиясь ранкова самотність,
ці автобусні зупинки,
як вияв подяки й терплячості.

Пагорби лежать,
як люди в плацкартах —
тихо й натруджено:
рік видався довгим,
всім є за чим шкодувати,
але і дякувати всім є за що.

Час іде,
потяги рушають,
мовчазні пасажири лежать над холодною землею,
згадують найважливіше,
думають про головне.

Але так мало важливого,
так небагато головного:

номери вагонів,
які перевозять країною звичайне тепло,
імена птахів,
мов імена жінок,
що постійно десь над тобою.

◆ ◆ ◆

But
few things deserve
even having their names repeated:
trees on a riverbank, stones in snow.

This warm smoke beyond which hides
someone's morning solitude,
these bus stops
a sign of gratitude and patience.

Hills lie
like people in sleeping-cars—
silent and overworked:
a year proved to be long,
everyone has something to regret
but also something to be thankful for.

Time goes on,
trains start moving,
silent passengers lie above the cold ground,
recall what's most important,
think about the main thing.

But there's so little that's important,
hardly any main thing:

the numbers of train cars
transporting everyday warmth around the country,
the names of birds,
like the names of women,
always somewhere above you.

◆ ◆ ◆

Наче й не було цієї зими,
не було наших очікувань і побоювань,
нашого дослуховування
до репродукторів грудня,
нашого завмирання
перед оркестровою правдою снігопадів.

Наче це не ми готувались
до твердості льоду,
народженого з нелюбові.

Але щойно проступив у повітрі
вологий пропис відлиги,
і світ вибухає, мов натовп,
якому показують
відрубану голову тирана.

Вічним буде вогонь над долинами.
Вічним буде наше зачудування перед
відкритим серцем ріки.

І першими завжди прокидаються
збирачі книжок на речових ринках,
і розкладають свої скарби вздовж
міської кладки.

І вже озираються на вітрі
поети у мокрих, як подушки,
старих антологіях,

викинуті зі шкільної програми,
але не викинуті з життя,

реагують на сміх,
на прощальний хруст
снігу під черевиком,

◆ ◆ ◆

As if this winter never happened,
as if we had no expectations, no worries,
hadn't listened carefully
to the loudspeakers of December,
hadn't halted motionless
before the orchestral truth of blizzards.

As if it wasn't us who prepared
for the power of ice
born out of lovelessness.

As soon as the damp cursive of thaw
appears in the air,
the world explodes
like a crowd shown
the severed head of a tyrant.

Eternal the fire above the meadows.
Eternal our devotion to
the open heart of the river.

And the first to wake up are always
the booksellers at street markets,
and they lay out their treasures along
the city's bridge.

And poets are already looking around
in the wind from their old wet anthologies
swollen like pillows,

chucked out of the school program,
but not banished from life,

they react to the laughter,
to the farewell rustle
of snow under boots,

поправляють краватки,
відігріваються під
обкладинками.
Поети, яким ніхто не вірить,
поети з історії літератури.

Зраджені адвокатами,
кинуті дружинами,
повішеники, потопельники, самогубці:

розповідають свої біографії,
прищеплюють нам любов
до життя.

they adjust their ties,
warm up between
covers.
Poets whom no one trusts,
poets from the history of literature.

Betrayed by lawyers,
left by wives,
those who drowned, hanged themselves, suicides:

they tell their biographies,
cultivate in us the love
of life.

◆◆◆

Забагато політики, в усьому — забагато політики.
Життя не потребує такої кількості наших поправок.
Поети впихають політику в життя,
мов кулак у боксерську рукавичку.
Доки ніжні читачі нарікають:
знову політика, вони знову пишуть про неї.

В усьому забагато політики, — нарікають читачі, —
давайте краще говорити про небо над містом.
Таке прекрасне високе небо цього року.
Давайте говорити про те, як воно
відбивається в жіночому оці.

Добре — давайте говорити про небо в жіночому оці.
Мертве жіноче око, в якому на ранок
відбиваються перелітні птахи,
а вночі відбиваються північні сузір'я.
Червоне від гарячого надвечір'я,
райдужне від ранкових дощів,
око, що дивиться з перспективи смерті —
давайте говорити про нього.

Або давайте говорити про майбутнє.
В майбутньому буде високе прекрасне небо.
Наші діти будуть сильнішими за нас.
Чому поети не говорять про запеклу
дитячу безтурботність?

Так і є — наші діти добре знають ціну громадянству,
діти, які, обираючи між довірою та безпекою,
відтепер завжди обиратимуть сухий підвал бомбосховища.
Чому з ними не говорять поети?
Чому в поетів краще виходить говорити про трупи?
Чому їм так добре виходить виправдовувати
безпорадність дорослих?

There's too much politics in everything, just too much.
Life doesn't need that many amendments.
Poets push politics into life
like a fist into a boxing glove.
As gentle readers complain:
politics again, they're writing about it again.

There's too much politics in everything, readers complain,
let's talk about the sky above the city.
Such a beautiful high sky this year.
Let's talk about how it reflects
in a woman's eye.

Good, let's talk about the sky in a woman's eye.
A dead woman's eye, which in the morning
reflects migratory birds,
and at night reflects the northern constellations.
It's red from the hot early evening,
it has rainbows from morning rains,
the eye that watches from the perspective of death—
let's talk about it.

Or let's talk about the future.
In the future there will be a high gorgeous sky.
Our children will be stronger than we are.
Why don't poets talk about the fierce
carelessness of children?

That's how it is—our children know well the value of citizenship.
Now our children, given the choice between trust and safety,
will always opt for a dry shelter.
Why don't poets talk to them?
Why are poets better on corpses?
Why are they better at justifying
the helplessness of grown ups?

Давайте говорити бодай із тими, хто вижив.
Якщо вже нам не вдалося домовитися з померлими.
Якщо не вийшло подискутувати з повішеними і задушеними.

Як можна говорити про політику в країні,
що ранить ясна власною мовою?
Найдоступнішим маніфестом є рубане м'ясо, що
викладається зранку на ринках, мов преса.
Найпереконливішими римами є рівні й глухі
автоматні черги, якими добивають
поранених тварин.

Всіх було попереджено.
Всі бачили умови угоди.
Всі знали, що доведеться сплачувати непомірно високу ціну.
Говоріть тепер, що вам забагато політики.
Говоріть про сонячні горизонти.

Сходять останні сніги.
Дописуються найстрашніші книги.
Країна, мов ріка, повертається в береги,
поглиблює річище,
болісно доростає до своєї навігації.

Let's talk with those who at least survived.
Since we didn't manage to come to terms with the dead.
Since we didn't have the chance to argue with the hanged or choked.

How can we talk about politics in a country
whose own language hurts the gums?
The most accessible manifesto is the sliced meat
laid out in markets every morning like newspapers.
The most convincing rhyme is the monotonous
machine gun fire which finishes off
wounded animals.

Everyone was warned.
Everyone knew the conditions of the agreement.
Everyone knew they would have to pay a high price.
Say now that you have had enough of politics.
Talk about sunny horizons.

The last snow melts.
The most terrifying books are being written.
The country, like a river, returns to its banks,
deepens its channel,
painfully comes to accommodate navigation.

◆◆◆

Зрозуміло, що футбол має бути поза політикою.
Зрозуміло, що принципи чесної гри важливіші
    за метушню політиканів.
М'яч круглий, як наша вічна планета.
Мудре людство іронічно слухає чергові звинувачення
    на свою адресу.

Ясно, що поезія не повинна долучатись до загального
    божевілля.
Ясно, що літературі бажано не скочуватись до газетних новин.
Зміну напрямку повітряних потоків не помістиш
    на агітаційному плакаті.
Світ трішки складніший за списки загиблих і контужених.

Займіться своїми справами, поети — розбивайте серця
    довірливих читачів.
Кого цікавить доля народів, які нікого не цікавлять?
М'ясники ображаються, коли хтось бойкотує їхнє право
    на божевілля.
Нікого не вражають ваші плакати, роздруковані
    на домашніх принтерах.

1936 рік. Олімпійський Берлін.
Французькі атлети, проходячи, вітають німецького канцлера.
Птахи зависають у потоках повітря над сонячним Мюнхеном.
Лунає свисток. Гра починається.

◆ ◆ ◆

Obviously soccer should be beyond politics.
Obviously, the principles of fair game are more important
    than the fuss of politicians.
The ball is round like our eternal planet.
Smart people listen with irony to yet another accusation
    on their account.

It's clear that poetry shouldn't join the general insanity.
It's clear that literature shouldn't stoop to the level of newspapers.
The change of direction of air streams won't fit on
    a propaganda poster.
The world is a bit more complicated than the list of dead
    and injured.

Mind your own business, poets—break the hearts
    of trusting readers.
Who's interested in the fate of peoples who don't interest anyone?
Butchers get offended when someone boycotts their right to insanity.
No one is offended by your posters run off on home printers.

1936. Olympic Stadium in Berlin.
French athletes, passing by, greet the German Chancellor.
Birds stuck in the air-streams above sunny Munich.
The whistle blows. The game starts.

НОВИЙ ПРАВОПИС

1

Давайте відразу домовимось про
значення деяких слів.

Наша біда в тому, що ми боїмося
називати речі своїми іменами.

Плутаємось в іменах,
називаємо тих, хто живе,
іменами мертвих,
пускаючи мову смерті на свою територію.

Що ми маємо на увазі, говорячи радість?
З чим ми її порівнюємо?
Приречені в своїх опівнічних освідченнях,
у своїй налаштованості проти зла цього світу,
ми знаємо імена дерев,
знаємо імена птахів,
проте не знаємо як назвати цей стан,
коли диханням протягується
металева нитка
від того, що знову дивишся
на тонку й затінену лінію плеча
в ранковому світлі.

Річ у тім, що краще не спокушатись
енциклопедіями і словниками.
Річ у тім, що краще говорити як є.

Небо схоже лише на себе.
І каміння схоже лише на себе.
А ось дерева схожі на іноземні мови.
Така ж чітка таємнича структура.
Так само багато прикметників.

A NEW ORTHOGRAPHY

1

Let's agree right away on
the definition of some words.

Our problem is that we're afraid
to call things by their names.

We mix up names,
we call the living
by the names of the dead,
allowing the language of death on our turf.

What do we mean when we say joy?
What are we comparing it to?
Doomed by our midnight resolutions,
resolved against the evil of this world,
we know the names of trees,
know the names of birds,
but we don't know what to call this mood
when a wire thread stitches
through your breath
because you see the thin
and shadowed line of someone's shoulder
in the morning light.

The thing is, it's better not to be tempted
by encyclopedias and dictionaries.
The thing is, it's better to say how it's going.

The sky only looks like the sky.
And stones only look like stones.
But trees look like foreign languages.
The same precise mysterious structure.
And many adjectives too.

2

Давайте також відразу домовимось про те,
якими мають бути вірші.
Це ж найпростіше.
Кожен, хто бодай раз мав справу з
середземноморською кухнею поезії знає,
якими мають бути вірші.

Вірш має бути простим.
Не складнішим за абетку.
Вірш має бути коротким.
Вірш має бути як рецепт.
Вірші мають легко завчатись на пам'ять,
мов номер закордонного паспорта.

Давайте домовимось, що ніхто
не має права ускладнювати поезію,
ускладнюючи тим самим життя
собі й своїм ближнім.

Що в такому разі слід робити з мовою?
Мова сама себе творить.
Мова сама себе заперечує.
Мова вичерпує власні можливості.

Поети приходять помирати
в порожні бібліотеки.
Популярнішими від цього
бібліотеки не стають.

2

Let's agree right away on
what poems should be.
That's the easiest thing.
Anyone who's had to deal with
the Mediterranean cuisine of poetry knows
what poems should be.

A poem should be plain.
It shouldn't be harder than ABC.
A poem should be short.
A poem should be like a recipe.
Poems should be easily memorized,
like your passport number.

Let's agree that no one
has the right to complicate poetry,
which would complicate their own life
and the lives of those around them.

In this case, what do we do with language?
Language creates itself.
Language denies itself.
Language exhausts its own possibilities.

Poets come to die
in empty libraries.
Libraries don't become
popular this way.

3

Слід також домовитись,
про що не слід писати.

Поезія починається там,
де закінчується твій словниковий запас.
Мова тримається голосу,
як цивілізація тримається річок.

Давайте, нарікайте на відсутність доброї поезії.
Давайте, плачте за померлою літературою.
Звинувачуйте поетів у власному безсиллі,
у власній самотності
і власному атеїзмі.

Починайте,
не зупиняйтесь,
не позбавляйте себе такого задоволення.

Поети потім усе одно все це заримують.

3

We should also agree on
what we shouldn't write about.

Poetry starts
where your vocabulary ends.
Language holds on to your voice
the way civilization sticks to rivers.

Go ahead, complain about the absence of good poetry.
Go ahead, cry over dead literature.
Blame poets for their powerlessness,
for their solitude
and for their atheism.

Go on,
don't stop,
don't deprive yourself of such joy.

Poets will rhyme it all later anyway.

4

Обмежені можливості поезії.
Тихий її голос.
Голос, яким перепрошують у безнадійно хворих.

А втім і таким голосом можна
розповісти про цю жінку,
про те, як вона відважно
відповідає зранку на листи,
про те, як вона рішуче рахує за вікном
ранкові хмари.

А потім настає час вибору,
і його ніяк не уникнути,
і вона відчиняє шафу і обирає собі одяг.

Так мудрі правителі обирають релігію
для свого народу.

4

The limited possibilities of poetry.
Its quiet voice.
The voice that excuses the hopelessly sick.

But even this voice is able to
tell you about a woman,
about how she courageously
replies to emails in the morning,
about how she resolutely counts morning clouds
outside the window.

And then the time to choose arrives,
and you can't escape it,
and she opens a wardrobe and chooses clothes.

The way smart politicians choose a religion
for their people.

◆ ◆ ◆

Там був міст, — пригадав один, —
до війни:
старий,
пішохідний.
Патруль проходить щоп'ять годин.
Вечір буде сухий і погідний.

Двоє старших, один молодий.
Читав сутінки, ніби книжку,
тішся, — повторював собі, — радій:
ще нині спатимеш
в своєму ліжку.

Ще нині прокинешся в одній із кімнат,
прислухаючись до власного тіла.
Ще нині дивитимешся на комбінат,
що ціле літо стоїть без діла.

Дім, що завжди з тобою, мов гріх.
Батьки, що ніколи не стануть старими.
Ще нині побачиш когось зі своїх,
кого ти там називаєш своїми.

Згадував місто, з якого втік,
згарище, яке розгрібав руками.
Згадував, як ридав чоловік,
врятований силовиками.

Життя буде тихим і нестрашним.
Слід було давно повертатись.
Що може статися саме з ним?
Що може статись?

Патруль пропустить,
і пробачить бог.
Богу, йому взагалі не до того.

A bridge used to be there, someone recalled,
before the war:
an old pedestrian bridge.
The patrol passes every five hours.
Evening will be dry and pleasant.

Two older guys, and a young one.
He read twilight like a book,
rejoice, he repeated to himself, be joyful:
you'll get to sleep
in your bed today.

You'll get to wake up in a room
listening carefully to your body.
You'll be looking at the steel mill
standing idle all summer.

Home that is always with you like a sin.
Parents that will never grow older.
Today you'll see one of your people,
whomever you call your people.

He recalled the city he'd escaped from,
the scorched terrain he searched by hand.
He recalled a weeping man
saved by the squad.

Life will be quiet, not terrifying.
He should have returned a while ago.
What could happen to him, exactly?
What could happen?

The patrol will let him through,
and god will forgive.
God's got other things to do.

Накрили всіх разом — і старших обох,
і молодого.

Тиша між берегів річкових.
Не поясниш нічого нікому.

Міна впала просто між них —
на тому березі,
ближче до дому.

Місяць проступав між хмар,
слухав мелодію комашину.
Тихий заспаний санітар
вантажив тіла в армійську машину.

Сварився з коробкою передач.
В аптечці шукав рештки отрути.
І англомовний спостерігач
навчено дивився на трупи.

Рівна засмага.
Нервовий рот.
Прикрив очі молодому мерцеві.
Думав собі: дивний народ —
місцеві.

They were all killed at once—both older guys,
and the young one.

Silence between the riverbanks.
You won't explain anything to anyone.

The bomb landed right between them—
on that riverbank
closer to home.

The moon appeared between clouds,
listened to the melody of insects.
A quiet, sleepy medic
loaded the bodies into a military truck.

He quarreled with his stick shift.
Sought the leftover poison in a first-aid kit.
And an English-speaking observer
expertly looked at the corpses.

Even tan.
Nervous mouth.
He closed the eyes of the young one.
He thought to himself: a strange people,
the locals.

◆ ◆ ◆

Уявляю, як це бачать птахи:
чорну гілку ріки,
і зимові дахи,
і розгублених перехожих на хіднику.

Уявляю, як страшно птахам перелітати ріку.

А вони все одно дивляться на місто згори.
На депо за станцією,
на двори,
на бібліотеку з іншого боку ріки,
на вулиць списані сторінки.

Повторюють цей лютневий вірш,
знаючи його від брам до горищ,
знаючи, де він завершиться, врешті-решт,
і чим він, до речі, завершиться — знаючи теж.

Проступить ґрунт,
як проступають риси лиця,
риба стане в заплавах Дінця,
по обрію спливе домішок чорноти,
буде радість,
будуть очерети.

Головне — грітися між людьми,
любити цю артільну роботу зими,
це нечутне дихання ґрунту,
його печать.

Треба про це кричати.
Ось вони і кричать.

I imagine how birds see it:
the black branch of a river,
rooftops in winter,
perplexed pedestrians on the sidewalk.

I imagine it's scary for birds to fly over the river.

Still, they look at the city from above.
At the depot beyond the station,
the backyards,
the library on the other side of the river,
the full pages of the streets.

They repeat this February poem,
knowing it from gates to attics,
knowing where it's going to stop finally,
and they know, by the way, how it's going to end.

The soil emerges
the way facial features become clear,
fish will arrive in the floodplains of the Dinets river,
a bit of blackness will appear on the horizon,
there will be happiness,
there will be cattails.

The point is to warm up among people,
to love this artel work of winter,
this inaudible breath of soil,
its seal.

You have to scream about it.
And so they scream.

◆ ◆ ◆

Пахне великими грошима.
Пахне війною.
Такий час, що тільки вітчизна буде ридати за мною.
Опалимось нашою осінню.
Сплатимо нашу подать.
Вона буде за нами ридати. В неї це добре виходить.

В неї це добре виходить.
В неї добре виходило досі.
Ми ламаємо нашу мову, мов хліб у дорозі.
Рання її любов, печаль її рання.
Вона буде на нас чекати.
Вона прийде на опізнання.

Вона упізнає мене за шрамом над оком.
Торкнеться його обережно, торкнеться його ненароком.
Торкнеться востаннє, торкнеться, мов нерідна.
Ще ніжність така болюча,
ще зима непомітна.

Такий час, коли всім бракує спокою і терпіння.
Небо перед снігопадами — як псяче сухе піднебіння.
Небо все бачить, в небі ховаються чорні мадонни.
Ми ще тут,
ми ще вийдемо
на свої кордони.

◆ ◆ ◆

Smells like big money.
Smells like war.
These days only the motherland will cry over me.
Fall will warm us up.
We'll pay our dues.
She'll cry over us. She does it well.

She does it well.
She's done it well so far.
We break our language like bread on the road.
Her early love, her early grief.
She'll be waiting for us.
She'll be there to identify the body.

She'll recognize me by a scar above the eye.
She'll touch it carefully, she'll touch it unconsciously.
Still, tenderness is so painful,
still, winter is unnoticeable.

These days everyone is in need of quiet and patience.
The sky before a snowstorm is like a dog's dry palate.
The sky sees everything, black madonnas hide in the sky.
We are still here,
we'll still reach
our borders.

ЗІ ЗБІРКИ *АНТЕНА* (2018)

From **AERIAL** (2018)

◆ ◆ ◆

Танцюй, тесле, доки сонце стоїть над найбільшим
     із створених богом міст.
Танцюй, про все вже написано Гомером в його книжках.
Місто не засинало всю ніч, ніби закоханий підліток,
     подорожній ступає на міст.
Перекупки несуть на заріз червоних півнів у чорних мішках.

Ти пам'ятаєш слова тієї пісні, тесле, що вилітала
     з вранішнього вікна?
Ти пам'ятаєш, як тікав зі школи, як потому йшов
     прибережним піском?
Вона одна тебе любить, тесле, в цілому світі – вона одна.
Її вечірня вулиця, мов серце матері, пахне хлібом і часником.

Танцюй посеред цього світу, який крутиться без утоми й мети.
Хлопчик лишає батьківський дім, як ранкове сонце лишає тьму.
На кожному з нас, тесле, стоїть тавро, тавро любові і самоти.
Коли в тебе народиться син, він пояснить тобі чому.

І довгі ночі ніжності, коли ти називав її на ім'я,
назвав так, наче вигадував мову для німих.
Тепер ось ти співаєш цю пісню, ніби вона справді лише твоя,
ніби це саме ти знайшов її колись в одній із книг.

І від танцю забиває дихання і проступає робочий піт.
І в повітря цівкою крові вплітається запах морської води.
І на цій площі суботнього ранку може вміститися цілий світ.
І коли в тебе народиться син — ти його теж приведеш сюди.

Танцюй, тесле — кричать перекупки, танцюй — тішаться
     різники.
Хтось виплітає цей світ, мов кошик із зелених лозин.
Ти пам'ятаєш ту пісню, з якої почалися всі словники.
Вона одна тебе любить, ким би не був твій син.

Все, що вміємо ми, все, що знаємо, все, що любимо ми.
Все, чого ти боявся, тесле, все, чого ти хотів.
Сонце, мов півень із відрубаною головою, б'є крильми.
Вітає цей дивний світ, найсправедливіший зі світів.

◆ ◆ ◆

Dance, carpenter, until the sun stands
    above the largest bridge god created.
Dance, Homer already described it all.
The city was up all night like a lovestruck teenager.
    A stranger steps onto the bridge.
Vendors carry red roosters in black bags to slaughter.

Do you remember the words from that song,
    carpenter, flowing from a morning window?
Do you remember how you ran away from school,
    how you walked down a sandy bank?
She's the only one who loves you, carpenter,
    in the whole world, the only one.
At night her street smells like bread and garlic, like a mother's heart.

Dance in the middle of this world that spins tirelessly and aimlessly.
A boy leaves his parents' home
like a morning sun escaping darkness.
Everyone, carpenter, has a mark, the mark of love and solitude.
    When your son is born, he'll explain why.

And long nights of tenderness, when you called her by name,
called as if you were inventing a language for the deaf.
Now you sing this song like it's only yours,
that it was you who found her ages ago in Homer.

And dancing takes away your breath and you're sweating.
And the smell of seawater weaves through the air like a stream of blood.
And the whole world may fit on this square on a Saturday morning.
And when your son is born—you'll bring him here too.

Dance, carpenter, vendors shout, dance, the butchers get excited.
Someone's weaving this world like a basket from green vine.
You remember that song all dictionaries started from.
She's the only one who loves you, whoever your son may be.

Everything we know how to do, everything we know, everything we love,
everything you were afraid of, carpenter, everything you wanted.
The sun beats its wings like a beheaded rooster,
it welcomes this strange world, the fairest of all worlds.

◆ ◆ ◆

І ти водив полки, і займав міста,
і влітку 14-го тобі було 35.
Скільки вас залишилось? Двадцятеро зі ста.
Ті, що вижили, зазвичай погано сплять.

Три роки тому ти міняв світ.
Правив його, мов учнівський диктант.
Світ не може складатися лише з поразок та бід,
не може складатися лише з утрат.

Його можна чогось навчити, ніби пса,
його потрібно вправити, наче плече.
Три роки тому ти відчував, як горять небеса,
як ріка серед чорної ночі тече.

Три роки тому формувались полки,
літо лише народжувалось і жило,
і плесо форсованої вами ріки
спалахувало на сонці, мов пташине крило.

Три роки тому смерть брала твій слід,
гіркота стояла в мові, як сік у стеблі.
Щоранку тобі сниться світ —
ламаний тобою,
зрозумілий тобі.

Світ не може складатися лише з нарікань.
Світ не мають наповнювати страхи.
Серед ночі тече ріка, тече ріка.
Летять птахи серед ночі, летять птахи.

◆ ◆ ◆

You led the regiments and liberated cities.
In the summer of 2014 you were thirty-five.
How many of you survived? Twenty out of a hundred.
Survivors usually don't sleep well.

Three years ago you were changing the world.
You corrected it like a student's paper.
The world can't consist only of setbacks and tragedies,
can't consist of mere losses.

It can be trained like a dog,
it should be reset like a dislocated shoulder.
Three years ago you felt how the heavens burn,
how a river flows through the black night.

Three years ago your regiments were formed,
the summer had just been born,
and the stretch of river you fought across
blazed up under the sun like a bird's wing.

Three years ago death tracked you,
bitterness infused your language like sap in a stem.
Every morning you dream about a world—
broken by you,
understood by you.

The world can't consist of mere complaints.
Fear shouldn't flood the world.
In the middle of the night, a river flows, a river flows.
The birds fly in the middle of the night, the birds fly.

◆ ◆ ◆

Знайомі поховали сина минулої зими.
Ще й зима була такою — дощі, громи.
Поховали по-тихому — у всіх купа справ.
За кого він воював? — питаю. Не знаємо, — кажуть, —
    за кого він воював.
За когось воював, — кажуть, — а за кого — не розбереш.
Яка тепер різниця, — кажуть, — хіба це щось змінює,
    врешті-решт?
Сам би в нього і запитав, а так — лови не лови.
Хоча, він би й не відповів — ховали без голови.

На третьому році війни ремонтують мости.
Я стільки всього про тебе знаю — кому б розповісти?
Знаю, наприклад, як ти виспівував цей мотив.
Я знаю твою сестру. Я її навіть любив.
Знаю, чого ти боявся, і навіть знаю чому.
Знаю, кого ти зустрів тієї зими і що говорив йому.
Ночі тепер такі — з попелу та заграв.
Ти завжди грав за сусідню школу.
А ось за кого ти воював?

Щороку приходити сюди, рвати суху траву.
Скопувати щороку землю — важку, неживу.
Щороку бачити стільки спокою і стільки лих.
До останнього вірити, що ти не стріляв по нас, по своїх.
За дощовими хвилями зникають птахи.
Попросити б когось про твої гріхи. Але що я знаю про твої гріхи?
Попросити б когось, щоби скінчились нарешті дощі.
Птахам простіше — вони взагалі не чули про спасіння душі.

◆ ◆ ◆

They buried their son last winter.
Strange weather for winter—rain, thunder.
They buried him quietly—everybody's busy.
Who did he fight for? I asked. We don't know, they say.
He fought for someone, they say, but who—who knows?
Will it change anything, they say, what's the point now?
I would have asked him myself, but now—there's no need.
And he wouldn't reply—he was buried without his head.

It's the third year of war; they're repairing the bridges.
I know so many things about you, but who'd listen?
I know, for example, the song you used to sing.
I know your sister. I always had a thing for her.
I know what you were afraid of, and why, even.
Who you met that winter, what you told him.
The sky gleams, full of ashes, every night now.
You always played for a neighboring school.
But who did you fight for?

To come here every year, to weed dry grass.
To dig the earth every year—heavy, lifeless.
To see the calm after tragedy every year.
To insist you didn't shoot at us, at your people.
The birds disappear behind waves of rain.
To ask forgiveness for your sins.
But what do I know about your sins?
To beg the rain to finally stop.
It's easier for birds, who know nothing of salvation, the soul.

◆ ◆ ◆

Знати, що ти і далі лежиш за випаленою горою,
що до тебе так просто дістатись дорогою, вивернутою, старою,
місто в якому я виріс, життя, яке видавалося грою.

Але хто мене пустить тепер до твоїх околиць?
Хто стане дивитись на мене з-поза твоїх віконниць?
Що за радість вертатися в місто мертвих, яка з цього користь?

Зраджений тобою, викинутий за твої межі,
відлучений від твоїх спальників та бульварів.
Громадяни твої одягають святкові одежі,
земля під ногами здригається від ударів.

Але поки ще не видно великої тіні,
яка накриє твої вулиці й площі,
і я стою за випаленою горою, в сонячному промінні,
і оплакую тебе, місто – ненависне, найдорожче.

Мабуть я не єдиний, хто оплакує, мабуть.
У мене більше немає дому, у мене є лише пам'ять.
Але як вони б'ють із твоїх кварталів, як вони валять.

Як їм добре спиться нині в моєму домі,
в місті, де всі імена відомі, всі адреси відомі.
Коли ти, господи, дивишся в дзеркало,
що ти бачиш в своїй подобі?

Горе тобі, місто всіма забутих.
Горе твоїм жінкам, яким народжувати серед погрому.
Місто зради, місто розпачу, місто отрути.
Горе всім, хто не повернеться до власного дому.

Тихі години липневого надвечір'я.
Золоті зірки серед листя густого.
Знати, що чорний дощ затопить твої подвір'я.
Знати, що він не омине нікого.

To know that you still lie beyond a scorched mountain,
even now easily reached by the road, zigzagged, old, the city
where I grew up, a life that seemed to be a game.

But who will let me reach your limits now?
Who will watch me from your windows?
What joy is there in returning to the city of the dead, what's the point?

Betrayed by you, cast out past your outskirts,
cut off from your tenements and boulevards.
Your people wear their holiday clothes,
the ground shudders from strikes.

But you still don't see the great shadow
that will cover your streets and squares,
and I stand beyond the scorched mountain, under the rays of the sun,
and I lament you, my city—hateful, beloved.

Maybe I'm not the only one who laments, maybe.

I don't have a home anymore, I have only a memory.
But when they fire from your blocks, damn it, how they shoot.
How well they sleep now, in my house,
in the city where all names are familiar, all addresses known.

When you, god, look into a mirror,
what do you see in your image?
Woe unto you, the city forgotten by all.

Woe unto your women who give birth in a time of pogrom.
The city of betrayal, the city of sorrow, the city of poison.
Woe unto all who won't come back to their homes.

Silent evenings in July.
Golden stars among the dense leaves.
To know that black rain will flood your backyard.
To know that it won't pass over anyone.

◆ ◆ ◆

Доки росте місяць,
доки росте місяць,
жінка ходить садом,
доглядає за квітами.
За спиною в неї дім.
У домі тихо й порожньо.
Тихо удень.
Тихо надвечір.
Жодного дитячого голосу.
Жодного співу.
Доки росте місяць,
доки росте місяць,
правити помилки квітників,
виховувати траву.
Не говорити нічого місяцю,
не говорити нічого місяцю.
Виросте — сам зрозуміє.

◆ ◆ ◆

Until the moon grows,
until the moon grows,
a woman walks in her garden
looking after the flowers.
Behind her back, the house.
The house is quiet and empty.
Quiet during the day.
Quiet in the evening.
No child's voice.
No singing.
Until the moon grows,
until the moon grows,
correct the mistakes of gardeners,
nurture the grass.
Don't tell the moon anything,
don't tell the moon anything.
He'll grow up—and understand himself.

◆◆◆

Треба ж було
винайняти квартиру
напроти собору.
О сьомій ранку б'ють дзвони.
Вона завмирає на мить,
прислуховується до розп'яття на шиї.
Потім шепоче:
продовжуй, продовжуй.

What a strange thing
to rent an apartment
in front of the cathedral.
At seven in the morning the bells ring.
She stops for a second,
listens carefully to the crucifix on a chain.
Then whispers:
keep going, keep going.

◆ ◆ ◆

Ну ось — тепер не говорять,
не спілкуються.
І живуть, ніби у річковій воді —
Важко, але рухаєшся,
важко, а все одно дихаєш.
Риби схожі на телефонні слухавки —
прикладаєш до вуха, а нічого не чути:
на такій глибині
зовсім немає зв'язку.

◆ ◆ ◆

Here they are—now they don't talk,
don't communicate.
And it's like they live in a river—
it's hard but you can move,
it's hard but you're able to breathe.
Fish look like telephone receivers—
put them to your ear but you hear nothing:
at such depth
there is absolutely no reception.

◆ ◆ ◆

Цілий день
море накочується і відступає,
кидається чайками,
ніби серветками в офіціанта.
Цілий день
вона нарікає і свариться,
жаліє себе,
зневажає.

Цілий день
солона вода
перевертається від безсилля.
Цілий день
пісок осідає
в моря на піднебінні.
Цілий день
вона ходить берегом,
топче люто
намоклі газетні шпальти піску.

Сидить на березі,
розбирається з люттю собі.

І море теж —
сидить, розбирається
з кораблями в собі.

All day long
the sea gathers and withdraws,
tossing seagulls
like napkins flicked at a waiter.
All day long
she complains and quarrels,
feels sorry for herself,
despises herself.

All day long
salt water
turns upside down in impotence.
All day long
the sand sticks
to the sea's palate.
All day long
she walks along the shore
fiercely trampling
the wet newspaper pages of sand.

She sits on the beach,
deals with her rage.

And the sea too—
sits, deals
with the ships sunk within it.

◆◆◆

Зранку на зупинці майже нікого,
лише двоє чекають на трамвай.
Чоловік у замащеному комбінезоні,
схоже, будівельник,
повертається з нічної зміни.
Жінка в темній сукні,
втомлена, з рештками туші під очима.
Схоже, цілу ніч не спала.

Чоловік тримає в руках
пакет із аптеки.
Жінка тримає трояндовий букет.

Жінка помічає на його правій руці
свіжу гіпсову пов'язку.
Він помічає, що в букеті у неї
шість троянд.

Перераховує.
Справді шість.

◆ ◆ ◆

In the morning there's almost no one at the stop,
only two people waiting for the tram.
A man wearing dirty overalls,
he must be a construction worker
coming back from the night shift.
A woman in a dark dress,
tired, mascara smeared under her eyes.
It seems she hasn't slept all night.

The man holds a pharmacy bag
in his hand.
The woman holds a bouquet of roses.

The woman notices a fresh bandage
on his right hand.
He notices that the bouquet
has six roses.

He counts again.
Indeed, six.

◆ ◆ ◆

Гаряче літнє повітря,
запилене сонце,
коли бджоли вибирають мед просто
з дитячого дихання.

Пасажири надвечір
поспішають на вокзал,
поспішають на свій нічний,
женуть вулицями
з валізами на спинах,
дивляться на годинники,
перегукуються,
нервують.

А попереду всіх біжить Ісус,
з хрестом на спині,
поспішає,
накульгує,
підганяє тих, хто відстав.

Теплий вечір літа,
світло в горнятах із молоком,
солодкий дух трави на трамвайних зупинках.

Швидко добігають кінця,
швидко розпинають Ісуса,
швидко лишають спати сонну сторожу.
Прощаються,
вантажаться,
пропускаючи вперед жінок і дітей.

Вночі вкладаються на полицях.
Натягують на тіла білі савани простирадл.
Слухають спів цикад у тамбурах.
Ходить провідник, дивується:
як можна було зібрати
таких різних людей
в одному вагоні.

Hot summer air,
pollinated sun,
when bees collect honey
right from the breath of children.

Passengers in the evening
rush to the station,
rush to catch an overnight train,
dash down the streets
with luggage on their backs,
look at their watches,
call each other,
get nervous.

And ahead of them runs Jesus,
with a cross on his back,
he rushes,
wobbles,
hurries those who lag behind.

A warm evening in summer,
sunlight in cups filled with milk,
the sweet spirit of grass at tram stations.

They finally arrive,
quickly crucify Jesus,
quickly leave the sleepy guards to nap.
They bid farewell,
load up,
let the women and children go first.

At night they get settled in their berths.
Pull the white savannas of sheets over their bodies.
They listen to the singing of cicadas in the vestibule.
The conductor walks the corridor, surprised:
how was it even possible
to get so many different people
into one car.

◆ ◆ ◆

Починається літо.
ще несправжнє, ще умовне.
Але всі тішаться й такому.

І навіть учні музичної школи
тішаться нагоді побути
який час у тиші, без болючих
звуків класичної музики.

Все лише настоюється й набуває свого
справжнього вигляду.
Ще велика літня рівновага
лаштується на площі,
ніби сцена.
Ще нікого не насторожує
невблаганне наближення смерті.

В сонячних садах
стоять яблуні
з яблуками, які іще не достигли —
наче музичні інструменти,
які ще не налаштували.

The summer begins.
It's not real yet, just nominal.
But everyone enjoys even that.

And even the students from the music school
enjoy the chance to spend
some time in silence, without the painful
sound of classical music.

Everything steeps, takes on
its true form.
The great summer balance
settles over the square
like a stage.
No one is alerted by
the inexorable approach of death.

In sunny gardens
the apple trees stand
with apples not ripened yet—
like musical instruments
which haven't been tuned up.

◆ ◆ ◆

Недільна школа.
Шкільний двір виходить на берег ріки.
Панотець свариться з робітниками,
що ремонтують дорогу.

Цвітіння ірисів,
високе небо над річищем.

Діти розглядають малюнки.
В шкільних підручниках пишуть
про найголовніше:

мертві виходять із домовин,
ніби з метро на кінцевій.
Ісус на розп'ятті,
як регулювальник на перехресті —
ніхто не розуміє,
чого він насправді хоче.

Sunday school.
The schoolyard leads to a riverbank.
A priest is fighting with the workers
who repair the road.

The blooming of irises,
a high sky over the riverbed.

The children look at illustrations.
The school textbooks
note what's most important:

the dead leave their coffins
like it's the subway's last stop.
Jesus is on the cross
like a traffic cop at an intersection—
no one gets
what he really wants.

◆ ◆ ◆

Ось і це літо добігає кінця.
Лишає по собі приватні фруктові сади,
подібні на покинутих жінок —
вчитися знову ділитися своєю ніжністю,
вчитися знову любити свою природу.

Коли ще нічого не встиг.
Нічого не встиг побачити.
Коли так запізніло відчуваєш
павутину в сухому повітрі.

Останнім з'являється сонце.
Біжить, поспішає.
Ніби запізнюється до когось
на похорон.
Ніби щось можна надолужити.
Застигає, вагається.

Зрештою, рухається туди,
куди йому показують соняшники.

And this summer also comes to an end.
It leaves behind fruit trees
similar to abandoned women—
to learn again to share your tenderness,
to learn again to love your nature.

When you haven't achieved anything.
Haven't seen anything.
When you feel the web
in dry air too late.

The sun arrives last.
It runs, hurries.
As if it were late
for someone's funeral.
As if it were possible to make up for it.
It freezes, hesitates.

Finally, it heads to where
the sunflowers have pointed.

◆ ◆ ◆

За дві тисячі років людство зрадило всіх своїх геніїв.
Світ заплутався в спробах виправдатись.
Світ виявився безнадійно непристосованим до життя.
Для свого виправдання він вигадав художню літературу.

І ось хлопчаки вибігають з недільної школи.
І зупиняються коло розп'яття на подвір'ї.
Білий сніг сліпить їм очі своєю досконалістю.
Світ видається атракціоном,
в якому перемагає найхоробріший.

Кидаються сніжками в тіло спасителя.
Намагаються вцілити в грудну клітку.
Ліплять змерзлими пальцями сніг.
Змагаються в азарті і влучності.

І спаситель на фанерному розп'ятті
сприймає все покірно, як він це вміє.
Приймає смерть за гріхи цих дітей.
І єдине, чим переймається — чи не замерзли в них пальці.

І думає, що смиренність виправдовує все.
Думає, що тихим словом можна вилікувати церебральний параліч.
Тому мовчки підставляє серце під блискучий сніг —
такий досконалий і такий смертельний.

Річ у тім, що насправді він помиляється.
Підлість насправді нічим не можна виправдати.
І тихим словом можна хіба що спровокувати конвоїра.
І найбільш хоробрі з цих хлопчаків обов'язково стануть
поетами та пророками.

For two thousand years humanity has betrayed its geniuses.
The world is stuck in its attempts to explain itself.
The world has proven to be hopelessly incapable of life.
To justify itself, it invented fiction.

And so the boys hurry out of Sunday school.
And they stop at the crucifix in the yard.
White snow blinds them with its perfection.
The world seems to be a carnival game
and the bravest wins.

They throw snowballs at the body of the Savior.
They aim at his chest.
They make snowballs with their frozen fingers.
They compete for fervor and accuracy.

And the Savior on a plywood crucifix
accepts everything meekly, the way he knows how.
He accepts death for the sins of these children.
And the only thing that worries him—are their fingers frozen?

And he thinks that humility justifies everything.
Thinks that a quiet word may cure cerebral palsy.
So he silently offers up his heart to the bright snow—
so perfect and so deadly.

The thing is, though, he's actually wrong.
Viciousness can't be justified by anything.
And a quiet word may only provoke a guard.
And the bravest of these boys will certainly become
poets and prophets.

ТРИ РОКИ МИ ГОВОРИМО ПРО ВІЙНУ

◆

Знайомий пішов добровольцем.
Повернувся за півроку.
Де був — невідомо.
І чого боїться — не каже.
Але чогось боїться.
Може навіть здатись,
що боїться всього.

Йшов нормальною людиною.
Говорив, щоправда, забагато.
Про все на світі.
Про все, що траплялось на очі.

А ось повернувся
зовсім іншим, так ніби
хтось відібрав у нього старого язика,
а іншого натомість не залишив.

Ось він сидить цілими днями на ліжку
й слухає бісів у своїй голові.

Перший біс лютий,
сипле жаром, вимагає
кари для всіх живих.
Другий біс покірний,
говорить про прощення,
промовляє тихо,
торкається серця руками,
вимащеними в чорноземі.

Але найгірший — третій біс.
Він із ними обома погоджується.
Погоджується, не заперечує.

Сам після його голосу
і починається головний біль.

WE'VE BEEN TALKING ABOUT WAR FOR THREE YEARS

◆

A friend of mine volunteered.
He came back six months later.
Who knows where he was.
He won't say what he's afraid of.
But he's afraid of something.
Sometimes it seems
he's afraid of everything.

He left a normal person.
But he talked too much.
About everything in this world.
About everything he came across.

And he came back
completely changed, as if
someone took his old tongue
and didn't leave him a new one.

So he sits in his bed every day
and listens to the demons in his head.

The first demon is ferocious,
he pours out white heat, demands
punishment for all the living.
The second demon is submissive,
talks about forgiveness,
speaks quietly,
touches the heart with hands
covered in black soil.

But the worst is the third demon.
He agrees with the other two.
He agrees, doesn't object.

As soon as he speaks
the headaches begin.

◆◆

Три роки ми говоримо про війну.
Навчились говорити про власне минуле, враховуючи війну.
Навчились будувати свої плани, з огляду на війну.

Маємо слова, щоби виявити свій гнів.
Маємо слова, щоби висловити свій жаль.
Маємо слова, щоби засвідчити свою зневагу.
Маємо слова для проклять, маємо для молитов,
маємо всі необхідні слова,
якими можна сказати про себе в часи війни.

Нам дуже важливо говорити про себе в часи війни.
Ми не можемо не говорити про себе в часи війни.
Ми вважаємо неприпустимим мовчати про себе.

Щоранку говоримо про війну.
Стоїмо перед дзеркалом і говоримо про війну.
Говоримо з тим, кого перед собою бачимо.
Мудрі слова.
Мудрі і переконливі.
Мудрі питання,
мудрі відповіді.

Щоранку нагадуємо всім про кількість загиблих.
По обіді тішимось сонячним спалахам за вікном.
Свіжій траві, що рветься крізь мертве каміння.
А ось надвечір знову нагадуємо всім
про кількість загиблих.

Нам дуже важливо нагадувати всім про кількість загиблих.
Нам дуже важливо, аби про кількість загиблих нагадували саме ми.
Нам дуже важливо, аби про кількість загиблих
чули саме від нас.

We've been talking about war for three years.
Learned to talk about our past in light of the war.
Learned to make plans around the war.

We have words to show our anger.
We have words to express our sorrow.
We have words to signify our contempt.
We have words for curses, prayers,
we have all the necessary words
to describe ourselves in a time of war.

It's very important for us to talk about ourselves in a time of war.
We can't help talking about ourselves in a time of war.
We think it's unacceptable to be silent about ourselves.

Every morning we talk about war.
Stand before the mirror and talk about war.
Talk with the one we see in front of us.
Smart words.
Smart and convincing.
Smart questions,
smart answers.

Every morning we remind each other of the number of people killed.
In the afternoon we enjoy a flash of sunshine outside our window.
Fresh grass that tries to penetrate the dead stones.
But by evening once again we remind each other
of the number of people killed.

It's very important for us to remind everyone of the number
        of people killed.
It's very important we be the ones who remind everyone
        of the number of people killed.
It's very important that they learn
the number of people killed from us.

Не лишаємо нікому шансів.
Розрізаємо дійсність садовими ножицями,
даємо їй оцінку,
ставимо їй невтішний діагноз.

Три роки роздаємо оцінки.
Три роки говоримо, стоячи перед дзеркалом.
Можна не боятись ставити жорсткі питання.
І не боятись отримати незручні відповіді.

Ось лише більш упевнені в собі
говорять про це голосно.
А менш упевнені — тихо.

На кількість загиблих це в будь-якому
разі не впливає.

We don't give anyone a chance.
We cut reality with garden shears,
we go over it thoroughly,
give it a disappointing diagnosis.

For three years we've been expressing our opinions.
For three years we've talked standing in front of the mirror.
There's no need to be afraid of asking tough questions.
And to fear getting uncomfortable answers.

Only the most self-confident
talk about it loudly.
And the less confident—quietly.

But it doesn't have any effect on the number
of people killed anyway.

◆ ◆ ◆

Ось така в них тепер родина.
Ось такі родинні розмови.
Домовились не сваритись,
аби якось пересидіти цей серпень
під обстрілами.

Тому
про політику не говорять,
аби не сваритись,
про церкву не говорять,
аби не сваритись,
і про бога не говорять,
аби не сваритись.

Не говорять про родичів,
які виїхали.
Не говорять про друзів,
які лишились.
Не говорять про пацана з будинку напроти,
який воює.

Згадують сусіда.
Сусіда можна.
Сусід помер.
Сусіда шкода.

Щоправда, бог теж помер.
Але його чомусь не шкода.
Зовсім не шкода.

This is the family they have now.
These are the conversations they have.
They agreed not to argue
in order to at least get through September
under the shelling.

So
they don't talk about politics
not to argue,
they don't talk about church
not to argue,
and they don't talk about god
not to argue.

They don't talk about their relatives
who left.
They don't talk about their friends
who stayed.
They don't talk about the guy from the next building
who's fighting.

They recall their neighbor.
The neighbor you can talk about.
The neighbor died.
You feel sorry for the neighbor.

Although god has also died.
But for some reason you don't feel sorry.
You don't feel sorry at all.

◆◆◆◆

Два роки, доки його не було,
вона вагалась.
Міняти замки?
Не міняти?
Повернеться він?
Не повернеться?

Замки, зрештою, не поміняла.
Мабуть, підсвідомо чекала,
що він усе таки повернеться.
Повернеться, тоді вона йому все і скаже.
І про своє ставлення до нього,
і про своє ставлення до цього всього —
обов'язково скаже.
І про перервану вагітність.
Про яку він ці два роки нічого не знав.

А коли він повернувся
(без ключів, між іншим — десь їх загубив),
не стала нічого говорити.
І він не став.
Взагалі домовились поменше говорити.
Особливо про політику.
Говорити в нашій ситуації про політику,
те саме, що говорити в тубдиспансері про смерть —
комусь із присутніх це обов'язково не сподобається.

А тут про що не скажи — все політика.
Хліб у домі — політика.
Школа на розі — теж політика.
Рання весна, що затягує небо солодким димом —
так само політика.
Політика в жестах, політика в диханні,
Політика в голосових зв'язках,
які потребують спокою.

Посварились на третій день,
не поділили душ.

◆◆◆◆

He's been away for two years,
she hesitated.
Change the lock?
Or not?
Will he come back?
Or not?

In the end, she didn't change the lock.
Probably, she unconsciously expected
him to come back.
He would return and she would tell him everything.
About her take on him,
about her take on all of this—
she would definitely tell him.
And about her terminated pregnancy.
Which he knew nothing about these past two years.

And when he came back
(without keys, actually, he lost them somewhere),
she wouldn't say anything.
And neither would he.
In general, they decided to talk less.
Especially about politics.
Talking about politics in our situation
is the same as talking about death in a TB ward—
someone there definitely won't like it.

And here no matter what you say—everything is politics.
Bread on the table—politics.
The school around the corner—politics.
The early spring that fills the sky with sweet smoke—
also politics.
Politics in gestures, politics in breathing,
politics in vocal cords
that need rest.

They got into a fight on the third day,
a fight over the shower.

Він зранку знову збирає речі.
Вона дивиться на небо, мов на молоко,
що ось-ось закипить.
Пізно вчити нас радості й утіхи, — думає собі.
Пізно лагодити шлюзи, крізь які витекло стільки води.

Життя схоже на будинок, в якому знайшли повішеного.

Пізно підбирати потрібні слова.
Пізно врізати нові замки.

In the morning, he collects his stuff again.
She watches the sky like milk
that is about to simmer.
It's too late for us to learn joy and consolation.
It's too late to fix the floodgates when so much water has
    passed through.

Life is like a house where a person is found hanging.

It's too late to choose the right words.
It's too late to install a new lock.

♦ ♦ ♦ ♦ ♦

Сонце, тераса, багато зелені.
Хлопець і дівчина,
схоже, студенти, сидять за столом,
чекають, схоже, на замовлення.
Поруч, на столі, конспекти,
течки з документами,
схоже, просто забігли між заняттями.
пообідають — побіжать далі.
Такі дорослі, такі серйозні.

Що іще?

Схоже, винаймають помешкання,
не люблять готувати,
харчуються де трапиться.

Шкода тратити час на кухню.
Шкода тратити час на дрібниці.
Слід ставитись до життя, як до одягу,
який ти примірюєш, перш ніж купити.
Слід вчитися не витрачати життя
на дурниці.

Коли-небудь вона обов'язково матиме свій дім.
Коли-небудь він обов'язково знайде нормальну роботу.
Потрібно буде всього навчитись,
потрібно буде навчитись підбирати
єдині слова, аби говорити
про любов і людяність.

Пил, квіти, багато зелені.
Весна минулого року.

Це єдине фото, де ми разом — розповідає вона. —
Я тут ображена на нього,
бачиш, навіть дивлюсь в інший бік,
не розмовляю з ним.
Потім почалась війна.
Він пішов.
Ну і все.

◆ ◆ ◆ ◆ ◆

Sun, terrace, lots of green.
A guy and a girl,
most likely they're students, sit at a table,
waiting, it seems, for their order.
Nearby, on the table, notebooks,
folders with documents,
they must have just stopped by between classes.
After lunch they'll continue running errands.
So grown-up, so serious.

What else?

It looks like they rent an apartment,
don't like to cook,
eat where they are.

Don't want to waste time cooking.
Don't want to waste time on little things.
You should treat life like clothing
that you try on before buying.
You've got to learn not to waste time
on little things.

Someday she'll definitely have her own house.
Someday he'll definitely find a good job.
You'll need to learn everything,
you'll need to learn to choose
the right words to talk about
love and humanity.

Dust, flowers, lots of green.
The spring of last year.

This is the only photo where we're together, she says,
here I'm angry at him,
you see, I'm even looking in the other direction,
I'm not talking to him.
Then the war started.
He went.
And that's it.

◆◆◆◆◆◆

Вулицею проходить жінка.
Зупиняється напроти магазину.
Вагається.
Потрібно купити хліб, вдома закінчується.
Купити тепер чи краще вже завтра? — думає.
Дістає телефон.
Говорить із мамою.
Говорить різко, не слухає,
збивається на крик.
Кричить, стоячи
перед вітриною магазину.
Так, ніби кричить на своє відображення.
Обриває розмову, не дослухавши,
йде вулицею, проклинаючи
невидиму, і від цього ще більш
ненависну
маму.

Плаче від образи на неї
і від неможливості її пробачити.
Забуває про хліб.
Забуває про все на світі.

На ранок починається
перший артилерійський обстріл.

◆◆◆◆◆◆

A woman walks down the street.
She stops in front of a store.
She hesitates.
She needs to buy bread.
Buy it now or wait until tomorrow? she wonders.
She reaches for her phone.
Talks with her mother.
Speaks sharply, doesn't listen,
raises her voice.
She yells as she stands
in front of a shop window.
As if she's yelling at her own reflection.
She cuts off the conversation, not listening,
and walks down the street cursing
her invisible, and so even more
hateful,
mother.

She cries at some offense from her
and because she can't forgive her.
She forgets about the bread.
She forgets about everything in the world.

In the morning the first
shelling starts.

◆ ◆ ◆ ◆ ◆ ◆ ◆

Теж дивна історія.
Історія про наші ілюзії
і нашу безсилість.

В своїй бібліотеці вона завжди
трималась полиць із книгами
улюблених авторів.
Стояла біля полиць,
як жінки стоять перед ранковим дзеркалом —
довіряючи, але все одно вагаючись.

Поети з точними римами
не можуть помилятись.
Вони завжди підкажуть вихід.
Вони завжди розрадять у біді.

Один із перших снарядів
прилетів саме в бібліотеку.
Підручники літали вулицею,
мов роздерті подушки,
і літери висіли червневому повітрі
попелом спалених синагог.

Поезія так і не порятувала.
Поети промовчали.
Ніхто не підібрав точної рими
до імені розірваної школярки,
що прибігла зранку
віддати прочитані книги.

Коли зайшли війська,
коли відремонтували сховище,
коли їй почали привозити нові книги,
там мовби хотіли наповнити її
новою мовою,
себто новою радістю,
вона ще стояла й щось говорила,
намагалась бути зрозумілою,
намагалась видаватись переконливою.

◆◆◆◆◆◆

Here's another weird story.
A story about our illusions
and our impotence.

At the library she always
stuck to the shelves with books
by her favorite authors.
She stood by those shelves
like a woman standing before a mirror in the morning—
trusting but hesitating a bit.

Poets with precise rhymes
can't be mistaken.
They always offer solutions.
They always comfort you when you're down.

One of the first missiles
fell right on the library.
Books flew across the street
like torn pillows
and letters hung in the June air
like the dust of burnt synagogues.

Poetry didn't help much.
The poets kept quiet.
Not one chose the precise rhyme
for the name of the blown-up schoolgirl
who ran there in the morning
to return books she'd read.

When the army came in,
when they repaired the stacks,
when they started to bring in new books
as if they wanted to fill her up
with a new language,
namely with a new joy,
she kept standing and talking
trying to be understood,
trying to seem persuasive.

Хто її тоді слухав?
Кому були потрібні її слова?
Безнадійно прикриватись великою
мертвою літературою,
стоячи перед людьми,
що йдуть на смерть.
Безнадійно,
нечесно.

Головне, що я не зрадила своїх поетів, —
думала вона, — їх я напевне не зрадила.

Думала, але вголос не говорила.
Боялась.
Дякувала.
Стояла коло полиці з
мертвими поетами,
мов коло батареї опалення,
яка давно нікого не гріє.

Who listened to her then?
Who needed her words?
It's hopeless to shield yourself with a great
dead literature,
when you're in the way of people
marching towards death.
It's hopeless,
unfair.

Most importantly, I didn't betray my poets,
she thought, I definitely didn't betray them.

She thought that but didn't say it out loud.
She was afraid.
She was thankful.
She hung around the shelf
with the dead poets
as if she were near a radiator
which hadn't worked in a long time.

◆◆◆◆◆◆◆◆

На сільській вулиці
перебитий газопровід.
Місце аварії, місце небезпеки.

Аварійна служба не виїздить —
ніхто не хоче їхати під обстріли.
Коли телефонуєш їм — мовчать,
нічого не говорять,
ніби не розуміють тебе.

В магазині, поруч із позавчорашнім хлібом,
продають похоронні вінки.
На вулиці нікого —
майже всі виїхали.

Черги немає.
Ні за хлібом,
ні за вінками.

◆◆◆◆◆◆◆◆

On a village street
a gas pipeline has ruptured.
A place of accident, a place of danger.

Emergency services won't come—
no one wants to drive under shelling.
When you call them—they're silent,
say nothing,
as if they don't understand you.

At the store, along with day-old bread,
they sell funeral wreaths.
There's no one on the street—
almost everyone has gone.

No lines.
Neither for bread,
nor for wreaths.

◆◆◆◆◆◆◆◆

Вручення затягується.
Нагород багато.
Нагород має вистачити на всіх.
Ніхто не піде ненагороджений.

Ми виходимо на вулицю,
і йдемо сонячною серпневою алеєю —
хай вручаються нагороди,
хай нагороджують найхоробріших,
хай усі гідні будуть нагороджені.

Хай будуть нагороджені ті, хто вижив.
Хай нагороди дістануться всім живим.

Він сидить на бордюрі, обхопивши руками голову.
Камуфляж, берці, шеврон.
Нагороджений всім, чим можна.
Нагороджений, напівмертвий.

Дивиться на сонце,
плаче без сліз.

Що таке? — питаємо. — Допомогти?
Він мотає заперечливо головою.
Контузія, — говорить, тримаючись за голову, —
контузія, все нормально.

Так, ніби потрапив на радіохвилю смерті,
тепер ось саме її й слухає.
Слухає і не відповідає.

Хай будуть справедливо нагороджені всі,
хто довірився долі.
Хай їм буде що відповісти на радіоголоси,
коли вони вгризатимуться в їхню свідомість.

Сонце засліплює вулицю.
Літо добігає кінця.
Чоловік дивиться на щедре сонце,
що невблаганно
сідає за обрій.

◆◆◆◆◆◆◆◆◆

The ceremony goes over time.
Tons of medals.
Medals for everyone.
No one will leave without one.

We hit the street
and walk down a sunny August avenue—
let the medals be given,
let the bravest be honored,
let all the worthy be awarded one.

Let those who survived be decorated.
Let all the living get their medals.

He sits on the curb, head in his hands.
Camouflage, boots, chevron.
He's decorated with everything possible.
Decorated, half-dead.

He looks at the sun,
cries without tears.

What's going on? we ask. Do you need help?
He shakes his head.
Concussion, he says, holding his head,
concussion, everything is fine.

As if he's found the radio wave of death,
and now he sticks to it.
He listens and doesn't answer.

Let those who kept faith
be justly rewarded.
Let them have resources to reply to those radio voices
when they gnaw into their minds.

The sun dazzles the street.
Summer is about to end.
A man looks at the generous sun
which inexorably
sets below the horizon.

◆ ◆ ◆ ◆ ◆ ◆ ◆ ◆ ◆

Зате я знаю тепер, — говорить він, —
яка війна.

Ну і яка? — питаю його.

Ніяка, — відповідає.

Говорить зі знанням справи:
після полону про більшість
речей говорить зі знанням справи.
Себто, з ненавистю.

Говорить так, що краще й не сперечатись:
все одно не погодиться.
Буде стояти на своєму,
вважаючи це найбільшою чеснотою
часів війни — стояти на своєму,
заперечувати сонце, заперечувати
рух океану.

Так і є:
війна — ніяка,
про неї так і говорять —
без прикметників.

Як ти себе почував?
Ніяк.
Як до тебе ставились?
Ніяк.
Як ти про це говориш?
Ніяк.
Як нам тепер із усім цим жити?

♦ ♦ ♦ ♦ ♦ ♦ ♦ ♦ ♦ ♦

But now I know, he says,
what war is like.

And what is it like? I ask him.

Nothing, he answers.

He talks like he knows what's he saying:
after internment he speaks expertly
about all of it.
That is, with hatred.

The way he talks, it's better not to argue:
he won't agree anyway.
He'll hold his ground,
believing this is the greatest virtue
in a time of war—to hold your ground,
to deny the sun, to deny
the tides of the ocean.

So, here goes:
war, it's nothing,
they talk about it like that—
without adjectives.

How did you feel?
Nothing.
How did they treat you?
Nothing.
How do you talk about it?
Nothing.
How do we live with all this now?

ЗІ ЗБІРКИ *ТАМПЛІЄРИ* (2016)

From **KNIGHTS TEMPLAR** (2016)

◆◆◆

Їй п'ятнадцять і вона торгує квітами на вокзалі.
Кисень за шахтами солодкий від сонця та ягід.
Потяги завмирають на мить і рушають далі.
Військові їдуть на Схід, військові їдуть на Захід.

Ніхто не зупиняється в її місті.
Ніхто не хоче забрати її з собою.
Вона думає, стоячи зранку на своєму місці,
що навіть ця територія, виявляється, може бути бажаною
    і дорогою.

Що її, виявляється, не хочеться лишати надовго,
що за неї, виявляється, хочеться чіплятись зубами,
що для любові, виявляється, достатньо цього вокзалу старого
і літньої порожньої панорами.

Ніхто не пояснює їй, у чому причина.
Ніхто не приносить квіти на могилу її старшому брату.
Крізь сон чути, як у темряві формується батьківщина,
ніби хребет у підлітка з інтернату.

Формуються світло й темрява, складаючись разом.
Літнє сонце перетікає в зими.
Все, що діється нині з ними всіма, називається часом.
Головне розуміти, що все це діється саме з ними.

Формується її пам'ять, формується втіха.
В цьому місті народилися всі, кого вона знає.
Засинаючи, вона згадує кожного, хто звідси поїхав.
Коли згадувати більше немає кого, вона засинає.

She's fifteen, sells flowers at the train station.
Sun and berries sweeten the oxygen beyond the mines.
Trains stop for a moment, move further on.
Soldiers go to the East, soldiers go to the West.

Nobody stays in her city.
Nobody wants to take her with them.
She thinks, standing in the morning at her spot,
even this territory, it turns out, may be desirable, dear.

It turns out, you don't want to leave it for a long time,
in fact, you want to hold on to it for dear life,
it turns out, this old train station and an empty
summer panorama is enough for love.

Nobody gives her a good reason for this.
Nobody brings flowers to her older brother's grave.
In a dream, you hear that the motherland forms in darkness,
like the spine of a teenager living in a boarding house.

Light and darkness are formed, take shape together.
Summer sun flows into winter.
Everything that happens today, to everyone, is called time.
The main thing is understanding that all this happens to them.

Her memory is being formed, consolation formed.
Everyone she knows was born in this city.
At night she recalls everyone who left this place.
When there is no one left to remember, she falls asleep.

ТАМПЛІЄРИ

1

Хто зможе вижити в середньовіччі?
Жінка спить на шрамованому передпліччі.
Сонце займається над покрівлями передмість.
Я звик до радості на твоєму обличчі —
хто про неї ще тобі розповість?

Діти вертаються надвечір з навчання.
Нічного дощу обережне втручання,
запах літа з мансард і горищ.
Я так люблю твоє дихання і мовчання,
що слухаю тебе навіть коли ти мовчиш.

Як бути в місті, яке обступила облога?
В сутінках тебе торкає тривога,
в темряві все видається таким близьким.
Є лише одна книга. Вона про бога,
але написана невідомо ким.

Я люблю твоє волосся в нічному вітрі.
На голоси із веж озираються звірі.
Рветься бузок із торфяних узбіч.
Світ обмежується тим, у що ти віриш.
Світло вигадали, аби закінчити ніч.

Кожен, хто прийде сюди, винесе, скільки зможе.
Я знаю, що згадуючи, ти будеш згадувати лише хороше.
Приручені, мов тварини, середні віки
охороняють нас, стаючи на чати.
Світ створено так, щоби нам було що втрачати:
цей ліс, цей голос, лівий берег ріки.

KNIGHTS TEMPLAR

1

Who could survive in the Middle Ages?
A woman sleeps on a wounded shoulder.
Sun blasts above the roofs on the outskirts of town.
I'm used to the joy on your face—
who else would tell you such things?

Children return from school in the evening.
The mild intrusion of rain at night,
the smell of summer from mansard roofs and attics.
I love your breathing and quiet so much
that I listen to you even when you're silent.

How to exist in a besieged city?
In the twilight, anxiety touches you,
in the darkness all seems to be so close.
There's just one book. It's about god,
but written by who knows.

I love your hair in the night wind.
Animals react to voices from the towers.
Lilacs are torn from the peaty roadsides.
The world is limited to what you believe in.
Light was invented to end the night.

Everyone who comes here will carry out what they can.
I know when you remember you'll recall only the good.
Tamed, like animals, the Middle Ages
guard us, taking their positions.
The world is created such that we have something to lose:
this forest, this voice, the left bank of a river.

2

Що з ними буде, коли вони всі повернуться?
Стерті, мов зуби тварин, камінні вервиці,
зморшки довкола очей — глибокі, як ріки в березні.
Справжня віра виростає з єресі.

Доки вони тягаються палестиною,
сонце над ними горить золотою пластиною.
Торкайся святої землі обгорілою шкірою.
Війна за нові території завжди пов'язана з вірою.

Коли вони повернуться, коли роззброяться,
коли вони відстояться в чорній хроніці,
поруч із ними залишаться найбільш віддані.
За війною найкраще спостерігати на відстані.

Їм ще згадають усе, що сьогодні не має значення,
на них ще посипляться зречення та звинувачення,
їх ще зроблять винними в усьому, що нині діється,
їм ще влаштує трус небесна митниця.

А доки вони сполохують небо знаменами,
лишаються непереможними та безіменними,
знають, що все недарма, що все по справедливості.
Чим далі війна, тим більше потрібно сміливості.

2

What will happen to them when they all return?
Stone rosaries worn down, like the animals' fangs,
wrinkles around the eyes—deep as rivers in spring.
A true faith grows from heresy.

As they drift through this palestine,
the sun above them burns like a slab of gold.
Touch sacred soil with your burnt skin.
War for new territory is always allied with faith.

When they return, when they disarm,
when they defend themselves in dark chronicles,
only the faithful will remain with them.
It's better to observe a war from a distance.

They will be reminded of everything that now is meaningless,
deluged with renunciations and accusations,
will be found guilty for everything that happens these days,
the heavenly custom service will run an inquest.

But until they scare the sky with their flags,
they remain invincible and unnamed,
know that all this is meaningful, that all is fair,
the deeper war goes, the more courage you need.

3

Ще по зимі лежать померлі в озерах,
ще в кожному поцілунку може ховатись хвороба,
а вони вже шліфують камені по кар'єрах,
і озивається порожньо кам'яна утроба.

Ще уста після голоду такі солоні,
хтось і далі залишається у полоні,
а вони тягнуть каміння до міста, волочуть пісками,
відбудовують вулиці збитими в кров руками.

Тешуть каміння, тешуть, змінюють краєвиди,
ламають повітря, переінакшують світло,
роблять цей світ таким, щоби його можна було любити,
щоби в ньому було не так безнадійно й підло.

Всім, хто лишився жити після тяжкого мору,
всім, хто зберіг свою радість і непокору,
кожному, хто вцілів під важкими зірками,
вони відбудовують місто збитими в кров руками.

Муровані ними стіни, віконні рами,
зведене риштування, міцні канати.
Сонце стоїть над мулярами й каменярами.
Ще стільки часу, щоби все це порятувати.

3

After the end of winter, the dead still lie in lakes,
in every kiss a disease may hide itself,
they already grind stones in quarries,
and a stony womb echoes like an emptiness.

The lips after hunger are still so salty,
someone still remains a captive,
but they drag stones through the sand to a city,
rebuild the streets with their hands worn to blood.

They hew stones, change landscapes,
break air, make different light,
rebuild this world so it can be loved,
so you won't feel this hopeless and ashamed in it.

All who lived through the brutal murrain,
all who held on to joy and disobedience,
everyone who has survived under the heavy stars,
they rebuild a city with their hands worn to blood.

They build the walls and window frames,
erect scaffolding, secure firm ropes.
The sun stands above bricklayers and stonemasons.
So much time left to save it all.

THE TRANSLATORS

JOHN HENNESSY is the author of two collections, *Coney Island Pilgrims* and *Bridge and Tunnel*, and his poems appear in many journals and anthologies, including *The Believer*, *Best American Poetry*, *Harvard Review*, *The Huffington Post*, *Jacket*, *The New Republic*, *Poetry*, *The Poetry Review* (UK), *Poetry at Sangam* (India), and *Poetry Ireland Review*. Hennessy has held the Amy Clampitt Resident Fellowship, and he is the poetry editor of *The Common* and teaches at the University of Massachusetts, Amherst.

OSTAP KIN is the editor of *New York Elegies: Ukrainian Poems on the City* (2019) and translator—with Vitaly Chernetsky—of Yuri Andrukhovych's collection *Songs for a Dead Rooster* (Lost Horse Press, 2018) and—with Ali Kinsella—Vasyl Lozynsky's chapbook *The Maidan After Hours* (2017). His translations appear in *Poetry*, *Massachusetts Review*, *Michigan Quarterly Review*, *Modern Poetry in Translation*, *Poetry International Online*, *The Common*, *Asymptote* and elsewhere.